JN307614

二見文庫

東京タワー99の謎

東京電波塔研究会 著

〈東京タワー〉

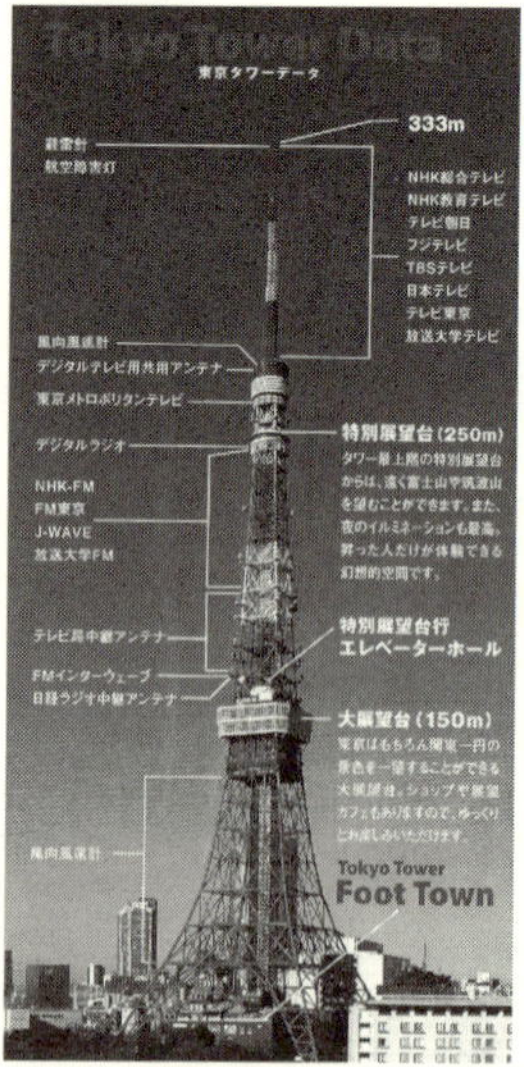

所在地・東京都港区芝公園4-2-8
お休み・無休
高さ333メートルのテレビ塔で東京を代表する施設のひとつ。
(パンフレットより)

はじめに

昭和33（1958）年、333メートルの高さの〝世界一の自立鉄塔〟として登場した東京タワー。いまや、東京という都市にとって、このタワーのない光景は考えられない。景色の一角にタワーをみつけると、心がなごむのはなぜだろうか。

その謎を探るべく、同好の士を集め、タワーの謎について徹底的に調査してみようということになった。それが「東京電波塔研究会」。これは電波塔の好きな「東京の」グループという意味である。繰り返し出てくるが東京タワーの正式名称は「日本電波塔」である。そこをお間違えなきよう。その、いわば中間の研究報告が本書である。

東京タワーの正式名称は日本電波塔株式会社といい、テレビ放送が発展していく中で、欠かせないものであった。昭和28（1953）年以来、都内にはいくつかテレビ局の電波塔が建っていたが、今後も新しいテレビ局が開局するとなると、さらにいくつもの電波塔が建ち並ぶことになる。当時の東京の写真を見ると、高い建物はほとんどなく、電波塔だけがそびえ建っている。これ以上電波塔が増えると、ますます景観が損なわれてしまうことは間違いない。また、電波に関しての問題は、もっと切実だった。電波塔がいろいろな場所にあると、視聴者はチャンネルを変えるたびにアンテナをその局のテレビ塔の方向に向けなければならなかった。その解決策として電波塔をひとつにまとめ、電波が半径１００キロメートルまで届くような総合電波塔を建てようということになったのだ。

　しかし、タワーの果たした役割はそれだけではない。タワーを建てるために日本電波塔株式会社という会社を作った前田久吉、塔を設計した〝塔博士〟内藤多仲は世界に誇れる高さ、美しさを持つタワーをと、その構想を練った。日本は有数の地震、台風大国。そこにエッフェル塔を超える３００メートル級のタワーを建てるのは、並々ならぬ苦労があった。広大で安定した地盤の建築用地の選定に始まり、風や地震にあっても揺れない、安全な総合電波塔を設計しなければならなかった。

　また、いざ建築となると、現場では鳶を中心とする、日本が誇る職人たちの技術が結集した。当時、戦後10年の日本経済は復興しつつあった。東京タワーは当時の日本が持っている最先端の技術、そして多大な人々のパワーを集めて作られたのである。タワーは、復興を遂げ、活気を取り戻した日本の姿を象徴していたのだ。

東京タワーが完成してから50年近い時が流れた。建築技術が進んだ現在、世界には東京タワーより高い高層ビルもある。しかし、それでもタワーが私たちを惹きつけるのは、昭和の人々の誇る技術、そして私たちが忘れがちな夢がこのタワーに詰まっているからではないだろうか。「なぜ333メートルになったのか」から、現在のタワーの状況まで、古くて新しい東京タワーの謎探検にレッツ・ゴー！

（付記・タワーといっても東京タワーだけじゃない！　というわけで全国の有名タワーのことも少しだけ調べてみました）

二〇〇六年　七月

東京電波塔研究会
代表・大谷佳奈子

東京タワー99の謎　目次

はじめに…3

Part.1　戦後復興の象徴だった東京タワーの真実

1　なんのためにタワーが造られたのか?…14
2　電波塔建設を実行に移した人は誰?…17
3　タワーのために作られた会社があった?…19
4　設計・構造計算は誰がやったの?…20
5　結局、設計図は何枚になったのか?…22
6　建築費用はいくらかかった?…23
7　工事は予定どおりに進んだのか?…24
8　工事はどんな順序で行なわれた?…26
9　どうやって材料を運び、組み立てたの?…28
10　鉄骨同士をつなぎ留めた方法は?…31
11　東京タワーは戦車の鉄でできている?…32
12　80メートルのアンテナをどうやって取りつけた?…34
13　上野公園も建築候補地だった!?…39
14　高さ333メートルは昭和33年に建ったから?…40
15　建築現場では一体何人の人が働いた?…44

16 鳶の給料はいくら？…45
17 耐震構造のヒントは「トランク」と「船旅」？…46
18 一週間工事がストップ。その理由は？…48
19 アンテナの配置はどうなっている？…50
20 なぜ、赤と白のツートンカラー？…53
21 東京タワーはエッフェル塔の真似をした？…55
22 建築時の世間の注目度は？…57

Part.2 もうすぐ50歳！いろんな出来事があった

23 「東京タワー」の名はどうやって決めた？…60
24 人、人、人…開業式はエッフェル塔からも祝電が…62
25 記録を塗り変え続けた来塔者数…64
26 開業時、展望料はいくらだった？…65
27 タワーのできた昭和33年はどんな年？…67
28 「テレビ塔音頭」「たそがれのテレビ塔」とは…69
29 今まで、訪れた著名人さまざま…70
30 タワーならではの過去の人気イベント…71
31 展望台で結婚式を挙げたカップルがいた？…72
32 東京タワーによじ登った人がやはりいた？…72
33 最初の東京タワー映画はメロドラマだった？…74

34 誕生日に東京タワーに行くといいことがある？……76
35 蝋人形館が、ミュージシャンで充実している理由……77
36 大展望台に外階段で昇れる？……79
37 テレビ・ラジオ以外の電波も送受信している？……83

Part.3 東京タワーは超一流のエンターテイナー

38 イメージキャラクターの兄弟の見分け方は？……86
39 ライトアップの0時消灯を見ると幸せになる？……89
40 ライトアップにかかる電気代はいくら？……90
41 毎晩ライトアップされるようになったのはいつ？……91
42 ライトアップの衣替えはいつ？……92
43 元旦に行くといいことがある？……95
44 大展望台で毎週ライヴがある？……96
45 日曜日には大道芸も見られる？……97
46 大展望台に好きな音楽やメッセージが流せる？……99
47 しばしばテレビに登場する東京タワー……100
48 ベストセラーになった「東京タワー」……101
49 アニメ・マンガにも頻出する東京タワー……102
50 東京タワーが出る小説は映像化率が高い？……103
51 東京タワーが怪獣を倒した？……104

52 単なる噂？ それとも……。怪奇現象が起きる？……107
53 東京タワーにイメージガールがいる？……108

Part.4 高いからこそ備えは万全！

54 タワーがいちばん揺れたときは？……110
55 大展望台2階にある山型の箱は？……111
56 飛行機がぶつかることはないの？……114
57 航空障害灯はいつ点灯する？……116
58 東京タワーの脚の下はどうなっている？……117
59 フットタウンは〝重し〟だった？……119
60 展望台で火事になったら？……121
61 東京タワーは大地震に耐えられるのか？……122
62 300メートル上空の気象は？……123
63 窓ガラスは誰がいつ拭いているの？……123
64 ペンキの塗り替えはどうやって？……125
65 タワーは傾いている？……127

Part.5 東京タワーは名所の中の名所

66 展望台はなぜ二つあるの？……132
67 大きくなったルックダウンウィンドウ……135

68 大展望台と特別展望台のエレベータ、どちらが速い？……138
69 展望台は何人まで入れるの？……139
70 一味違う東京タワーの水族館……140
71 大展望台で人気のお土産は？……142
72 プリクラ、刻印機……来塔記念いろいろ……146
73 タワーをいちばん近くで堪能できるホテルは？……147
74 オススメのフォトスポットは？……149
75 はとバスツアーの紹介口上は？……150
76 「東京おみやげたうん」で一番高いのは？……153
77 昭和33年から変わらないレストランの味とは？……157
78 タワーの1000分の1スケールパフェ……158
79 大展望台からの東西南北の景色はどんな感じに見える？……160

Part.6 まだまだある東京タワーの雑学

80 地上250メートルの忘れ物が届くのは地下1階？……166
81 特別展望台まで、水道はどうやって上げている？……168
82 ボウリング場の跡地はどうなった？……170
83 東京タワーとマザー牧場の意外な関係？……172
84 東京タワーに神社がある？……174
85 東京タワーで経済が学べる？……176

86 タワーは建築物か工作物か？…177
87 かつて近代科学館にはどんな施設があった？…178
88 東京タワーとテレビ東京との関係は？…180
89 なぜカラフト犬の記念像が敷地内に？…181
90 日本と世界のタワーの連盟がある？…183
91 東京タワーには電波塔以外の役目はあるの？…184
92 タワーで送信する電波は全部で何局？…185
93 デジタル放送時代への対応は？…185
94 第2東京タワーとは？…186
95 タワーの定礎はどこにある？…188
96 フットタウンのお菓子ベスト5…189
97 ご当地キティが東京タワーで手に入る？…192
98 東京タワーがデザインされた切手…193
99 電波の日とタワーの関係は…195
追加雑学…197
番外編
他にもあるぞ各地のタワー　全日本タワー協議会加盟塔…199
おわりに…219

◎監修　　　日本電波塔株式会社
◎協力　　　ノッポンブラザース

Part.1
戦後復興の象徴だった東京タワーの真実

1＊なんのためにタワーが造られたのか？

東京タワーの誕生はテレビの歴史と密接な関係がある。東京地区では昭和28（1953）年2月1日14時、NHKテレビがテレビジョン放送を開始する。同年、8月28日には、日本テレビが初の民放としてテレビジョン放送を開始し、翌29日には早くも後楽園球場から「巨人×阪神」のナイターを生中継した。昭和30（1955）年4月にはラジオ東京（現TBS）が開局する。

昭和28（1953）年に国産第1号の白黒テレビが発売された。14インチで175，000円という価格だった。もちろん一般家庭でテレビが購入できるわけもなく、繁華街に設置された街頭テレビに人々が集まっていた。プロ野球、プロボクシング、大相撲といったスポーツ中継がある日には、街頭テレビに殺到する人々で都電が止まったり、百貨店の床が抜けたりといった大混乱を引き起こしたという。たとえば昭和24（1949）年、ボクシングのテレビ中継を見ようと東京・中野駅前丸井2階家具売場に60人が詰めかけたが、第3ラウンド開始直後に床が

テレビ時代の幕開けとともに放送局の数が増え、電波塔をひとつにまとめる必要から東京タワーは生まれた（昭和30年代のテレビ、テープレコーダーはこんな感じだった！）

抜け、１階洋品売場のガラスケースに頭を突っ込む者など27人の重軽傷者を出した。

昭和30年代に入っても、まだまだ街頭テレビの時代は続く。テレビは値段が下がってきたとはいえ、14インチで10万円前後。公務員の初任給のほぼ半年分という貴重品だった。

さらに昭和33（１９５８）年から34（１９５９）年には、富士テレビジョン（現フジテレビ）、日本教育テレビ（現テレビ朝日）、ＮＨＫ教育テレビの3局が新たに開局を予定していた。

しかし、ここでひとつ大きな問題が持ち上がる。千代田区紀尾井町にＮＨＫテレビ塔、千代田区二番町に日本テレビ塔、港区赤坂にＴＢＳテレビ塔と、すでに三つの電波塔が都内に建てられていた。いずれの電波塔も高さ１５０～１６５メートル。当時の写真を見ると、ほとんど平らな土地にテレビ塔がそびえ建っているのがわかる。新しいテレビ局が開局するということは、それと同じ数だけ、都内にこのような電波塔が建つということになる。都内とはいえ、高層住宅など珍しかった昭和30年代。電波塔がいくつも建ち並ぶ景観は、あまり好ましいものとはいえない。航空法上からみても、あちこちに塔が建っていると事故のリスクも大きくなる。また、視聴者はテレビのチャンネルを変えるたび、アンテナの向きをその局の方向に向けて、画面の調整をしなければならないので、たいへん不便である。

以上のような諸問題を解消するために、電波塔をひとつにまとめた〝総合電波塔〟を造ればいいのではないか——。放送事業を管轄する郵政省をはじめとする関係者は、そんな構想を口にするようになっていった。最初は夢のような話だと思われていたこの計画だが、やがて東京タワーの建築へと発展していくのである。

2＊電波塔建設を実行に移した人は誰？

テレビ時代が到来し、放送事業に乗り出そうという人々にとって、総合電波塔建設は興味深い話だったのだろう。さまざまな計画が郵政省に持ち込まれた。しかし、関東一円に電波を届けるためには、300メートル以上という高さのタワーを建てなければならない。計画を持ち込んだ人々は、誰もそのような高さを想定していなかった。そこに名乗り出たのが、実業家・前田久吉《ひさきち》である。

大阪の貧しい農家に生まれた前田は新聞配達員の職につく。21歳のときに母親の実家が経営する新聞販売店をまかされ、その数年後には「南大阪新聞」という地元新聞の発行を始める。その2年後には紙名を「夕刊大阪新聞」と改め、大阪市内に進出し、昭和8（1933）年には「日刊工業新聞」（今日の「産経新聞」）を創刊する。新聞界の風雲児として知られ、〝前久《まえきゅう》〟の名で呼ばれる有名人だった。

総合電波塔の計画を耳にした前田の頭に浮かんだのは、有名な京都・東寺の五重塔だった。焼失後、寛永18（1641）年に徳川家光が再建したといわれる塔は、高さ57メートル。現存する古塔の中で、最高の高さの塔である。

「昔であってもすでにこうである。まして科学技術が伸展した現代では、300余メートルの塔を建てるくらい、あえて至難の業でもあるまいと考えた。やれば必ずできる、――と私は膝をうつ思いだった。つまり私の塔建設に対しての自信と決意は、京都東寺の五重塔からあたえられた、ともいいえる」（「東京タワー物語」より）

建設場所の選定、関係者の調整に奔走しつつ、前田の構想はふくらんでいった。

「私の練りに練ってまとめた総合電波塔の構想は、これまでのお国自慢的な塔の背比べとはケタはずれな、『どうせ造るなら世界一を……。エッフェル塔（３２０メートル）をしのぐものでなければ意味がない』というものだった」（「東京タワー物語」より）
もし、前田が名乗り出ていなければ、タワーの高さはまた違ったものになっていたかもしれない。

3＊タワーのために作られた会社があった？

東京タワーを建設し、運営しているのは日本電波塔株式会社。その名のとおり、タワーのために作られた会社組織なのである。昭和32（１９５７）年5月8日、各界の代表が集まって資本金５億円（のちに12億円に増資された）で発足。発起人には政財界や放送界など、40名の錚々たるメンバーが名を連ね、発起人代表を同社の取締役会長に就任した産経新聞の前田久吉が務めることになった。

事業というのは普通は会社が発足してから動き出すものだが、このケースはちょっと違っていた。実は東京タワーの設計は、会社発足時にはほとんど出来上がっていたのである。この年の初め、既に前田は内藤多仲《たちゅう》にタワーの設計を依頼していたのだ。しかし、それは塔の高さを３８０メートルに設定したもの。その後、テレビ局の要望で塔の高さが見直され、高さは３３３メートルに変更。内藤は再度、設計にとりかかった。

4＊設計・構造計算は誰がやったの？

この人しかいない、と白羽の矢が立ったのは、早大名誉教授の内藤多仲氏。大正14（１９２５）年に芝愛宕山のＮＨＫのラジオ鉄塔以来、30あまりの塔を手がけ、塔博士、構造建築の父などとも呼ばれていた。

愛宕山に続き、名古屋テレビ塔、通天閣などの塔を造ってきた内藤だが、３００メートルを超える自立鉄塔はもちろん初めてのこと。

「東京タワーの建築に当たったとき、私の計画によれば、この大仕事が不可能とは思わなかったが、ご承知のように日本は世界のどこよりも条件が悪い、それだ

けに独特の構造を考えなければならなかったのである」（『建築と人生』より）

地震や台風の多い日本で、いかに安全で美しい塔を造ったらいいのか。立案者の前田と内藤の方向性はぴったりと合っていたようだ。前田は自らの著書で、こう語っている。

「ただ、電波を出すだけの塔であってはならない――これは私の、そして博士の持論でもあった。都市に造る高い塔は、それだけで観光施設のひとつになる。展望台を作り、多くの人の目を楽しませると同時に、塔自体も都市美を形成するうえにひとつの美観を加えるものでなければならない、と。

『設計に当たって、まず考えたのは型のことです。やっぱり眺めて美しくなければなりません。だが、なにより安全第一です。とにかく大きいから万一のことがあったらたいへんですからね。タワーの美しさについて、別に作為はしませんでした。ムダのない、安定したものを追求していった結果できたものです。いわば、数字の作った美しさとでもいえましょう』内藤博士は、私にも謙虚にこう語るのである」（『東京タワー物語』より）

内藤は、ともに名古屋テレビ塔の設計を手がけた日建建設工務株式会社（現在の日建設計）の鏡歳吉、高橋芳郎、合田久雄をスタッフに迎え、昭和32（195 7）年6月から設計にとりかかった。

もちろん、この時代には電卓は当然のこと、コンピュータなどもない。内藤らは計算尺を手に、明けても暮れても計算を続けた。内藤が愛用していたのは大正4、5年頃に恩師の佐野利器《としかた》（日本最初の鉄骨構造建築の設計などを手がけた建築構造学者）からドイツ留学の土産だと渡された、14センチの計算尺だった。

建物を設計する際、住宅、工場、倉庫など、種類を問わず、まず、支柱、梁の寸法を公式によって計算。それから地震による横揺れに耐える強さ、風による圧力を調べていく。こういった計算は、すべて計算尺で行なわれた。

そして設計依頼から3カ月後、近代科学館も含めて、タワーの設計は完了したのである。

5＊結局、設計図は何枚になったのか？

設計・管理を手がけた日建設計と内藤多仲は綿密な計算で構造設計をし、タワーの設計図を作っていった。当初、３８０メートルということで設計したが、途中で計画が変更になり、ほとんど出来上がっていた設計図をやり直すというアクシデントもあった。最終的に設計図の作成が終わったのは、昭和32（１９５７）年7月15日のことである。

そのとき、すでに6月29日から基礎工事は始まっていた。早めにとりかからなければ、予定している「昭和34（１９５９）年初頭の開業」に間に合わないという公算が大きかった。

日建設計と内藤が作成した設計図は１万枚あまりになった。ちなみにエッフェル塔の設計図は５３００枚だったそうだ。

6＊建築費用はいくらかかった？

ズバリ、30億円かかった。これを今の貨幣価値に換算するとおおよそ60億円とさらに莫大な金額になるということだ。もしも最初に予定していた３８０メートルのタワーを造っていたとしたら、それ以上に総工費はかさんだであろう。

7 ✴ 工事は予定どおりに進んだのか？

タワーの建設工事が行なわれたのは昭和32（1957）年6月29日から昭和33（1958）年12月23日まで。約1年半のスピード工事だった。

そもそも東京タワーからの電波発信が昭和34（1959）年初頭と決まっていたため、前年のクリスマス時期までに工事を終えるスケジュールが組まれていたのである。

昭和32（1957）年6月29日、地鎮祭が行なわれ、工事開始。9月21日には定礎式を行ない、いよいよ鉄骨の組み立てに入った。

工事は朝6時から夕方6時の毎日12時間行なわれた。過去に例のない大工事であり、天候にも左右されやすいため、スケジュールが遅れることが多かったが、遅れを取り戻すため、工事開始時間を早めたり、日が暮れて鉄骨が見えなくなる時間まで仕事を続けたりという工事関係者による必死の努力の甲斐あって、タワーは昭和33（1958）年12月23日に、無事完工式を迎えることができた。

昭和32年６月29日、地鎮祭が行なわれ、翌７月に塔脚付近の整地が整い基礎ができた

8＊工事はどんな順序で行なわれた？

基礎工事→第一期（大展望台まで）→第二期（250メートルまで）→アンテナ取りつけ→仕上げという順番で行なわれた。

東京タワーの組み立て工事

昭和32年10月、塔脚が少しずつ伸びていく（写真右上）
昭和32年12月、４本の脚をアーチ型に組み上げる（写真左）
昭和33年２月、塔の横けた（ＴＩトラス）を持ち上げる（写真右下）

昭和33年２月、下部塔脚が完成し、ジンポールを立ち上げた（写真右上）

昭和33年６月､塔は約120メートルの高さになった(写真中央)。鋼材が塔の中をゆっくり持ち上げられていく

昭和33年８月、塔体がほぼ完成。あとは大展望台とアンテナの吊り上げ工事を残すのみとなった

9✶どうやって材料を運び、組み立てたの？

タワーの建築材料の鉄骨は、ひとつのパーツの重さが5～10トンにもなり、大型のものは20メートルを超える長さだった。これを運搬し、設計図どおり、寸分の狂いもなく組み立てていかねばならない。

現在、ビルやマンション工事などに使われているタワークレーンはまだこの時代には登場していない。当時はガイデリックというクレーンが活躍した。アーチ部分だけ出来上がった状態の東京タワーの上に、角《つの》のようなクレーンが乗っている写真を見たことがあるかもしれない。この重機がガイデリックである。

ガイデリックの〝ガイ〟は鉄柱を四方から支えている支え綱、〝デリック〟は起重機という意味。鉄柱2本を使い、滑車にワイヤーをつけ、動力で荷物を持ち上げ、動かす。1本の直立した鉄柱と、その根元に結合された可動式の鉄柱で構成されている。ウインチ（巻き上げ機）で可動式の鉄柱のワイヤーを巻き上げて、荷物を巻き上げたり、旋回させたりといった運動を行なうのである。

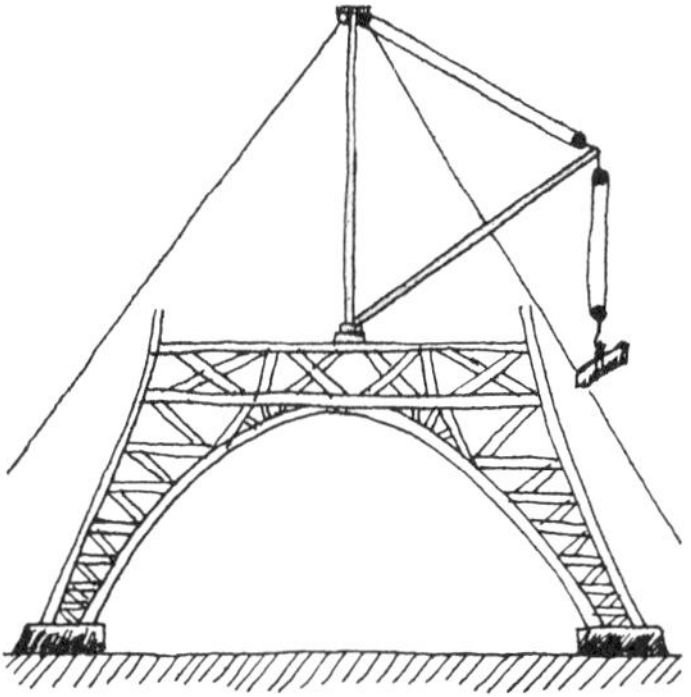

●ガイデリック

長さ63メートルの主柱を固定し、55メートルのアームを動かして鉄骨を吊り上げる

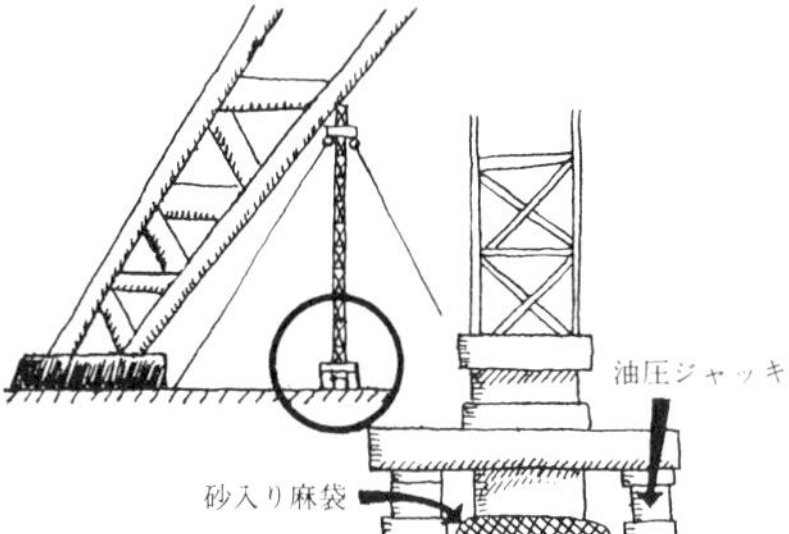

●ジンポール

塔の4本の脚を正しい角度に保つための支柱。柱の下部に砂入り麻袋を置くことで微妙な調整ができた

タワー建設に使用されたガイデリックは70メートル、72トンという、一般的なビル工事に使われるものの2倍という特別なものだった。

ウインチは熟練した人間でないと操作が難しく、すでに運んだ鉄骨に、次に組み立てる鉄骨を予定した場所にピッタリとガイデリックで運ぶのはさらに高度なテクニックが必要とされた。

まず、ガイデリックは地上で作業を行ない、着々とタワーを組み立てていった。高さ50メートルまで塔が組み立てられたとき、塔の中央にジンポールという補助クレーンを立ち上げた。35メートル地点に作業台を作り、ガイデリックでジンポールという補助クレーンを運ぶ。そして、分解したガイデリックをこのジンポールで50メートルの作業台に運び、そこで再度、組み立てた。そして、再びガイデリックは鉄骨を組み立て始める。

なお、組み立て時に少しでもひずみやミスがあると、後々大きな問題になるため1カ所の鉄骨を組み立てるたび、水準器で設計図どおりになっているか確認されたという。

10✴鉄骨同士をつなぎ留めた方法は？

東京タワーを見ると、鉄骨に突起があるのがわかる。これがリベットという鉄でできた鋲で鉄骨同士をつないだ部分だ。

片側に頭を作った直径2センチ、長さ10センチ程度のリベットを小さなコークスの炉で７００～８００度になるまで熱する。こうして真っ赤になったリベットを長い鉄箸ではさみ、受け取り手のいる場所へ放り投げる。筒状の容器で受け取った職人は、鉄骨に開けられたリベットを差し込む。すると、もう一人が穴に差し込んで当盤《あてばん》という工具で頭を押さえる。そこを４人目が反対側からリベットをハンマーで打ち、もうひとつの頭を作る。このように４人がかりでリベットを打ち込むのである。穴に入った棒状の部分は穴いっぱいに充填《じゅうてん》され、冷えるとリベットはぎゅっと縮んで鉄骨同士をかしめる（密着させる）ところから、リベット打ちは「カシメ」ともいわれる。

リベットに頭を作るためには強い力で何度もハンマーで叩かなければならない。

リベットを打つカンカンカンカンという独特のリズムが連日鳴り響いたという。

一連の流れの中で、いちばん慎重に行なわなければならなかったのが、熱したリベットを投げ上げる部分。工事を高い場所で行なっているため、もし、受け取り手が取り損ねたら熱した鉄が地上に落下することになり、たいへん危険であるから、ミスは許されないのだ。

ちなみにエッフェル塔は塔上まで250万本ものリベットを使って組み立てられたが、東京タワーの場合、全てリベットで留めていったわけではない。大展望台以上の場所はリベットではなく、当時、アメリカで最新の方法とされていたハイテンションボルトで鉄骨を締めつける方法が使われた。大展望台から上はこの工法がとられている。

11＊東京タワーは戦車の鉄でできている？

タワーの大部分は鉄でできている。タワー建設が行なわれた昭和30年代、日本の産業は発展していたとはいえ、こんなに大量の鉄を手に入れるのはたいへんで

大展望台より上の部分の鉄骨の一部には戦車の鉄が使われている

はなかったのだろうか。その秘密が、なんと戦車にあった。

昭和25（１９５０）年朝鮮戦争が勃発。昭和28（１９５３）年に休戦条約が結ばれ、アメリカの軍需物資は日本の民間業者に払い下げられた。当時、復興途上の日本にとっては願ってもない話で、民間業者はＭ４、M47戦車90台を落札。その戦車は解体され、形鋼《かたこう》となり、東京タワーの鉄骨として、主に大展望台より上の部分に使われているという。東京タワーは約４０００トンの鉄でできているのだが、その一部は、もともと戦車として使用されていたということになる。

太平洋戦争時、戦車など鉄の武器を作る際、日本は鍋釜からお寺の鐘まで供出させて溶かし、寄せ集めの鉄を利用したため、質が悪かった。しかし、アメリカの戦車に使われているのは焼きを入れた特殊鋼で、良質の鉄。丈夫なことは太鼓判つきなのである。

12＊80メートルのアンテナをどうやって取りつけた？

現在、東京タワーの頂上部約80メートルは、「スーパーゲインアンテナ塔（以下、

SG塔)」と「スーパーターンスタイルアンテナ柱(以下、ST柱)」の二種類で構成されている(50ページ参照)。SG塔の建設は、塔体とほぼ同時期に開始され、これらは分割し、塔体内部をせり上げて設置された。また建設時はこの塔体に、各民放局のSG塔はついていなかった。ST柱はSG塔の完成後に、NHKの「スーパーターンスタイルアンテナ6段」を付架した状態のままで、塔体外部から吊り上げて取りつけられた。

これは本来、塔体内部を垂直に吊り上げて塔頂部に据え付け後、エレベータ設置、給電線付線工事という順序であったものが、アンテナ部が出来上がってくるのが遅れたため、先にエレベータ設置工事を進めることになったのが原因といわれている(このアンテナからは開局当初「教育テレビ」のみが送信されたが、その後「総合テレビ」との2波給電に成功し、現在に至っている)。こうして文章にするといたって簡単な説明になるが、実はタワー建築の中でも最大の難工事だった。

特別展望台上部につけるSG塔とST柱は、本体に収納する部分を含めると長さ94メートル。重さ約132トン。この大きくて重い部材を250メートル以上

難工事といわれたアンテナ吊り上げ作業。ケーブルに八つに分かれたアンテナ部材（最大14トン）を吊り、塔頂へと上げた

まで吊り上げ、取りつけるのは至難の業。そのうえ、アンテナ部分は精密機械なので、細心の注意を払って取り扱わなければならなかった。

アンテナ部（SG塔とST柱）は増上寺の境内を借りて組み立て、整備が行なわれた。

これらは地上であらかじめ八つの部分に分割され、鉄塔頂部に設けられた仮設鉄塔（エレクションタワー）の頂部と地上をつなぐケーブル及びキャリアにより分割された最下部から順次引き上げられ塔内で組み立てられていった。現場は「力学なんて学問は知らねえが、鳶《とび》職の腕の見せどころさ」と張り切っていたという。

アンテナ部は前述の理由から塔体内部を引き上げられなかったため、塔体外部からの吊り上げである。空中に上がったパーツを取り込む目的で、仮設鉄塔はコの字型に一方をあけて取り込むことになった。ST柱は長さ28メートル、重さ14トンほどあり、これは増上寺の境内からタワー下まで運ぶだけでもたいへんな作業で、当時の記録によると、交通量の少ない日曜深夜に、警察立会いのもと付近の道路を交通規制し、わずか1.2キロメートルを約4時間かけて無事タワーに運んだとされている。

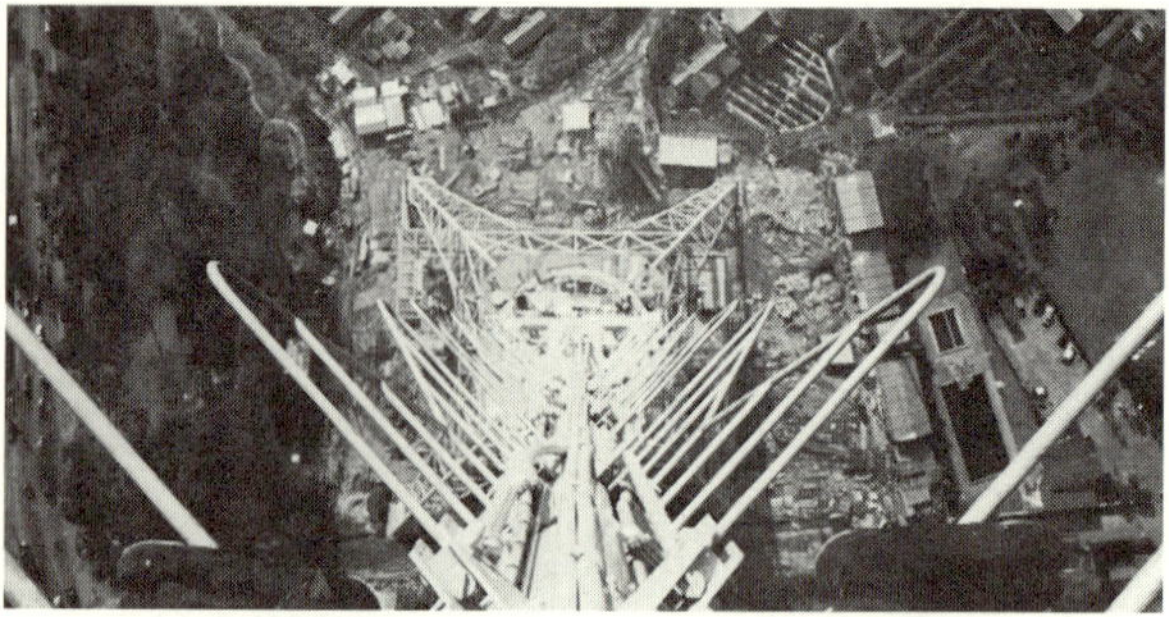

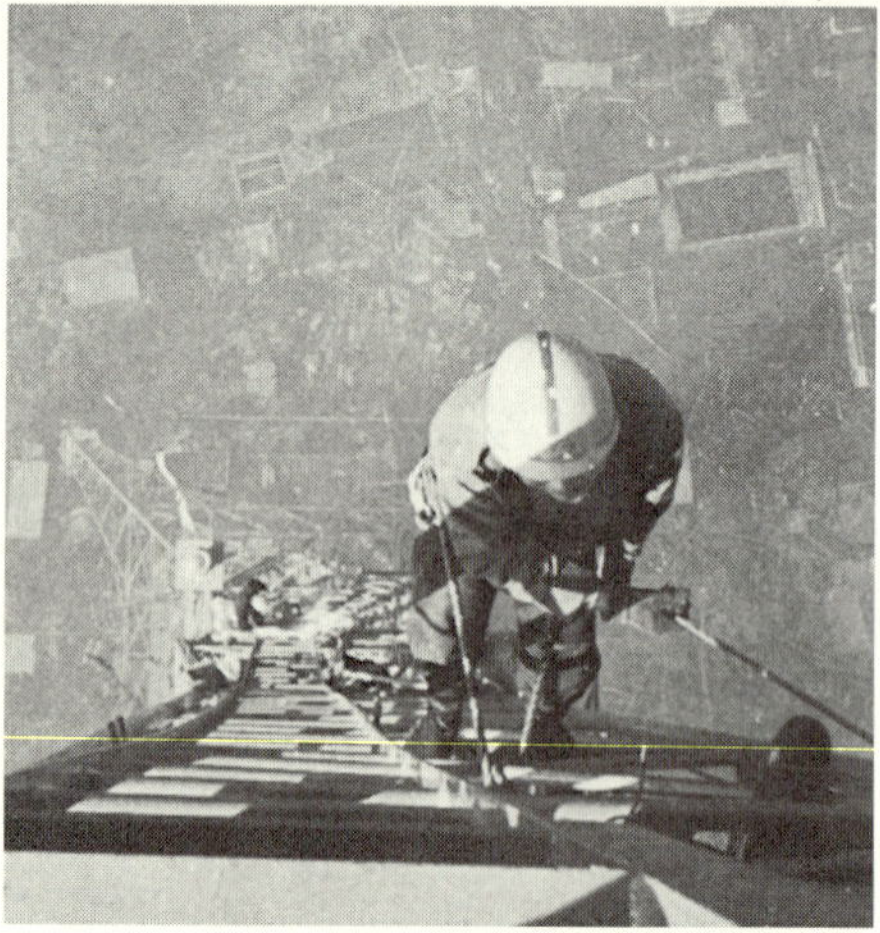

取りつけの終わったアンテナ最先端から地上を見下ろす（写真上）
取りつけの終わったスーパーゲインアンテナでの作業風景（写真下）

13✴上野公園も建築候補地だった⁉

テレビの電波が都内に届く場所を考えると、タワーは都心に建てなければならない。タワーを建てる際、最初の壁となったのが場所探しだった。

３００メートルを超えるタワーを建てるには広大な土地がいるが、都心ではなかなかそれだけの土地がみつからない。加えて、展望台も併設したいと考えていたため、都心であっても煙があがる工場地帯には建てられない。場所の選定は困難を極めた。場所からはずれてはいるものの、上野公園も候補になったという。

苦心の末、港区芝公園の７０００坪弱、約２万１０００平方メートルの土地を確保することに成功。それが増上寺の一部だった。

広大な敷地を誇る増上寺は、その所有が20万坪にも及んだ時期もあったという。明治６（１８７３）年、境内一帯は日本で初めて公園のひとつに指定され、25区画に分割された。日本電波塔株式会社が購入したのは、その中の「紅葉山」と呼ばれる区画だった。

江戸時代、「紅葉山」には、二代将軍徳川秀忠が江戸城内紅葉山から移植したカエデなどが美しい紅葉の名所として、秋にはたくさんの見物客が訪れた。明治14（1881）年にはここに「紅葉館」という高級料亭が開店し、紳士淑女、外交官などの社交場として賑わった。その後、フランス料理屋の「三緑亭」、西郷隆盛・木戸孝允・大久保利通といった人々が頻繁に会合を開いた「南洲庵」もできた。

しかし、昭和20（1945）年の太平洋戦争の空襲により消失。日本電波塔株式会社は10年以上空き地になっていたこの土地を購入したのである。

14＊高さ333メートルは昭和33年に建ったから？

333メートルという自立鉄塔（ワイヤーなどで支えることなく、組み上げられた鉄骨でのみ立つ塔）として世界一の高さを誇る東京タワー。「昭和33（1958）年だから333にしたのでは？」と考える人も多いようだが、あくまでも偶然の一致なのである。したがって、答えはノーだ。

タワーの高さが333メートルに決まるまでには紆余曲折があった。すでに開

最先端技術で建てられた333メートルの東京タワーは平成になっても東京のシンボルである

局した3局の１５０～１６５メートルのアンテナでは、電波はテレビ塔の半径70キロに届くのがやっとだった。

そのエリアからはずれた千葉県の銚子や茨城県の水戸といった都市では、電波が弱く、テレビを満足に見られる状態ではない。

都心から半径１００キロ圏内の１８００万の人々にテレビを楽しんでもらうには、３００メートル以上の塔が必要だった。

開局予定の局も含めて、この塔から電波を送信するテレビ局は6局。

1局のアンテナが10数メートルで、計算するとアンテナ部分は約80メートル必要になる。半径１００キロ圏内に電波を届けるためには最下部のアンテナは最低２５０メートルの位置に置かなければならなかった。

この２５０メートルにアンテナの全長80メートルを加えると３３０メートル。総合電波塔は少なくとも３３０メートルの高さで建てなければならないということになる。

そして、塔の部分を最低必要な長さより50メートル高い３００メートルにして、それにアンテナの長さを足した３８０メートルの電波塔が計画された。構造計算や設計は３８０メートルでスタート。

ところが、ほぼ設計図が出来上がった頃、〝待った〟がかかったのである。関係者を集めて開かれた初めての東京タワー建設会議で、テレビ局側から、安定した映像を常に送信するため、強風時のアンテナの揺れを極力抑えてほしいという要望がもちかけられた。そのためには鉄骨を増やさなければならないが、それは工事費用がさらにかかることを意味していた。そこで塔の高さを低くし、その工費をアンテナの揺れを防ぐために使うことにしたのである。

早速、タワーの高さについての検討が始まった。アンテナ部分の80メートルはどうしても必要なので、この長さは変更不可能。となれば、塔部分を短くしなければならなかった。

こうして、新たに計画を練り直した結果、タワーの高さは３３３メートルになったのである。

15✴建築現場では一体何人の人が働いた?

施工は竹中工務店、塔のパーツを作る塔体加工を引き受けたのは松尾橋梁と新三菱重工(現在の三菱重工業)、実際に鉄塔を建設する鉄塔建方は宮地建設工業。工事にたずさわったのは、鳶、鍛冶《かじ》工、塗装工など延べ21万9335名。現場には木造バラック二階建ての工事現場が建てられた。世界一のタワーを造れば、立派な職歴になる。全国から工事志願者がやってきたという。

現場では400人もの工事関係者が働いていたが、特に鳶職の数は多く、最盛期には鳶の数は70人にもなったという。鳶たちはわずか30センチの鉄骨の足場で仕事を続けた。

当然、安全確保には細心の配慮がなされた。鉄骨には転落防止用のネットを張り、ヘルメットと命綱の着用を徹底した。雨や風の強い日には作業は中止。午前と午後の2回、鉄骨上で風速を計り、15メートル以上になると工事は中止となった。ときには、作業中に突然風が強くなり、途中で作業を中断することができないこともあった。風速25メートルの中でやむなく仕事を続けたこともあったという。

16＊鳶の給料はいくら？

当時少しずつ出来上がっていくタワーを見上げながら、工事の様子を眺めていた人々は、

「昼間は下が見えて怖いだろうから、夜だけ働いているのだろう」

「命がけの仕事だから、さぞかし高給なのだろう」

「給料もいいだろうが、危険な仕事だから生命保険料も高いのではないか」

など、さまざまな推測をした。


鳶の平均年齢は35歳前後。20歳前後の若者も含まれていた。日給はおよそ1000〜3000円。東京タワーの完成した昭和34（1959）年の国家公務員初任給は1万200円。鳶の給料を日給2000円とし、1ヵ月31日間のうち平日20日間働いたという単純計算をすると、月給4万円ということになる。確かにい

い給料ではあるが、噂されるほどの高給ではなかったというのが実情である。

17＊耐震構造のヒントは「トランク」と「船旅」？

内藤は大正6（1917）年から1年あまり、耐震構造の勉強をするためにアメリカに留学。帰国後、留学の成果を発表しなければならないと考えながら電車に揺られていたとき、ふとひらめいた。

「そうだ、汽車の中で壊れたあのトランクと帰国の船旅がヒントになる」と。

〝壊れたトランク〟というのは、こんな話である。留学に当たり、内藤は大型のしっかりしたトランクを持って旅立った。アメリカ国内を汽車で移動していた内藤だったが、サンフランシスコからワシントンに移動する際、トランクの中に荷物をたくさん詰め込むために、中の間仕切りをはずして荷物を詰め、発送した。ところが、トランクを受け取りに行くと、トランクはバラバラに壊れていたのだった。間仕切りをはずしたのが悪かったのだと思った内藤は、別のトランクに荷物を入れ替え、間仕切りをはずさずに外側をヒモで縛って発送した。すると、それから何度も運んだのに、トランクはまったく傷まなかったのである。

もうひとつは、帰国の際、シアトルから北回りの氷川丸で帰路についたときのエピソードである。アリューシャン群島に近づくと、激しい嵐に遭遇した。船内は大いに揺れた。しかし、船はビクともしなかったのである。

そして、内藤は考えた。トランクが壊れたのは間仕切りをとったため、分散されていた荷物の重さが１ヵ所に集中したからだ。船がいくら揺れても壊れなかったのは、太い鉄骨を何本も組み合わせてしっかりと支えられ、隔壁で仕切られているからだろう。物が壊れるのは、横揺れ、縦揺れなどによる変形で、これを防ぐためには鉄骨で支え、上手に壁を入れればいい。そんな考えが構造設計のベースになったのである。

しかし、内藤が考えたこの耐震建築の理論は、なかなか相手にされなかった。当時はアメリカ式建築が一世を風靡していたのである。杭打ちを済ませたかと思うと、あっという間にビルが建っていく。

そんな中、内藤は日本興業本社ビル、歌舞伎座の設計をした。依頼された際、内藤は「耐震壁を入れる」「鉄骨のまわりはコンクリートで包む」という二つを絶対条件とした。やがて大正12（1923）年に関東大震災が起きる。東京では多くの建物が倒壊し、内藤は心配で日本興業銀行の様子を見に行った。すると、周囲の新しいビル群はほとんど外壁が崩れていたが、日本興業銀行は外観にも室内にもなんの変化もなかった。加えて歌舞伎座も屋根瓦が2、3枚崩れた程度だったという。

こうして、大震災が内藤の理論を証明することとなり、震災後の復興建築はアメリカ式ではなく、内藤の耐震構造理論に従って行なわれたのである。東京タワーも綿密な計算で、鉄骨を組み合わせてあるため、たとえ大きな地震や台風にあってもビクともしないのだ。

18✴一週間工事がストップ。その理由は？

昭和32（1957）年11月、タワーの4脚が出来上がり、空中で合体し見事なアーチができた。いよいよアーチから上の塔の体を真っ直ぐに建てていく工事が始まったが、ある日リベットを打つ音が静かになった。また翌日も、そのまた翌日も……。周囲の人々は、「どうして工事がストップしているのだろう？」と、首を傾げた。

実はこのとき、工事は難局を迎えていた。

それぞれ80メートル離れていたタワーの脚は、高さ40メートル地点で52メートルまで近づいた。この地点で、脚を結合し半円形のアーチを作る。このアーチの下が科学技術館（現在のフットタウン）の場所になる。このアーチ閉合（結合）はとても難しい作業だった。各脚は、閉合場所に向かって同じ角度に鉄骨を組み立てるのだが、この技術は誤差が出ないよう、慎重に曲がり具合を確認しつつ行なう必要があった。そして、4つの脚を結合する場所は水平に結ばなければならない。誰もが上手くいくか心配したがアーチ閉合は無事に完了した。

しかし、アーチ上の組み立てにとりかかると、どうしても鉄骨がはまらない部分が出てきた。設計図が細かく見直されたが誤りはない。ひとつひとつ、鉄骨を点検、計測する作業が始まった。すると1ヵ所、鉄骨の曲がる角度が少しだけ設計図と違っている部分がみつかった。鉄骨を加工した際、曲がり具合が微妙に違っていたのだ。幸い、リベットを打つ穴をずらすことで対処できた。リベットの穴の位置をわずか15ミリだけ移動したのだ。そして1週間後、工事は無事再開したのである。

19＊アンテナの配置はどうなっている？

特別展望台から上についているアンテナ部分は、スーパーターンアンテナ、ツーダイポールアンテナ、スキューアンテナ、東京メトロポリタンテレビ用アンテナ、デジタルテレビ用共用アンテナ、という5種類のアンテナで構成されている（35ページ参照）。

アンテナ部分は約80メートル。上部の約20メートルはNHKとNHK教育のスーパーターンアンテナで、ひとつのアンテナを共用している。アンテナ部分を拡大してみると、相撲で使う軍配を細くしたような形になっている。この部分は、ボイラーなどを作るFB鋼という特殊な鋼を使っている。

その下の約60メートルが民間放送用のツーダイポールアンテナ。上からテレビ朝日、フジテレビ、TBSと日本テレビ、テレビ東京の順に並ぶ。なお、TBS

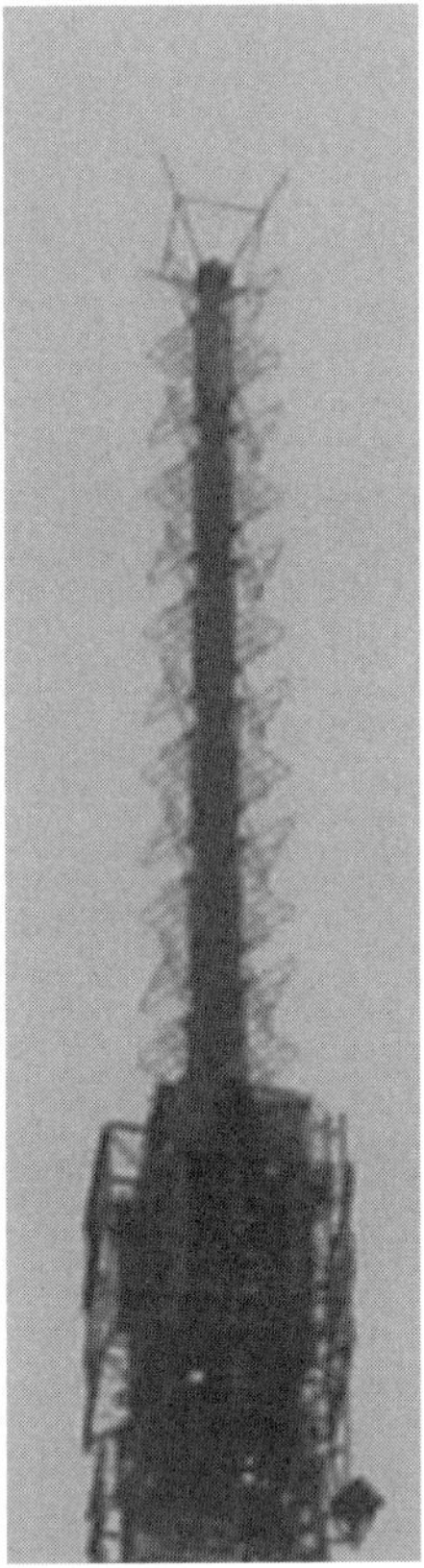

東京タワーにはＵＨＦ・ＦＭ放送の需要に応えるべくさまざまなアンテナがつけられアンテナのアパートと呼ばれた（写真右）
スーパーターンアンテナは軍配のような形をしている（写真左）

と日本テレビのアンテナは並列になっている。

このツーダイポールアンテナ部分は重さを減らし、強さを増すためSHT—52という普通の鋼材より50パーセントも強い高抗張力鋼を使用。アンテナがどんな強風にあっても揺れにくく、故障しないようにするため、全部溶接して作ってある。

いろいろな実験を繰り返し、300メートルを超す高さでは10メートルの風が吹くと4センチ、5メートル程度の風だと1センチしか動かないというデータが得られた。

そして、ツーダイポールアンテナと特別展望台の間にあるのが、デジタルテレビ用共用アンテナ、東京メトロポリタンテレビ用アンテナ。

さらに、特別展望台と大展望台屋上の間には、FM放送用アンテナ5局分が設置されている。

開業時、アンテナがたくさん設置されたタワーは〝アンテナのアパート〟などと呼ばれたという。

20＊なぜ、赤と白のツートンカラー？

東京タワーの色といえば、赤と白のツートンカラー。「東京タワーの絵を描いてください」と色鉛筆を渡されたら、誰もが赤と白でタワーの色を塗るのではないだろうか。

実は黄色と黒、緑といったアイデアもあったという。しかし、航空法に基づき、現在の色に塗られることになったのである。

航空法には、「昼間において航空機からの視認が困難であると認められる煙突、鉄塔その他の国土交通省令で定める物件で地表または水面から60メートル以上の高さのものの設置者は、国土交通省令で定めるところにより、当該物件に昼間障害標識を設置しなければならない」（第五十一条の第二項）という項目がある。さらに、色や塗り分け方は航空法施工規則において、「最上部から黄赤と白の順に交互に帯状に塗色すること。この場合において、帯の幅は、２１０メートル以下の高さの物件にあつては、その七分の一、それ以外の物件にあっては、物件の高さを奇数等分した値であって、30メートルを超えず、かつ、30メートルに最も近いものとする」（航空法施工規則　第百三十二条の三）と定められている。

色分けは航空法では〝赤と白〟ではなく〝黄赤〟と書かれている。この〝黄赤〟というのは〝インターナショナルオレンジ〟といい、航空法に定められた色。私たちは通常、東京タワーの色を赤と白といっているが、あの赤色は赤ではなく、〝インターナショナルオレンジ〟という色なのである。

高層ビルを工事するクレーンが東京タワーと同じ色で色分けされているのも、やはり航空法による。ちなみに、アメリカのゴールデンゲートブリッジも、〝ゴールデン〟と名前がついているのに、この〝インターナショナルオレンジ〟で塗られている。

東京タワーは現在、大展望台の上から塔頂部まで7等分に色分けされている。建設当時は11等分に塗り分けられていたが、昭和61（1986）年、航空法の改正に伴い7等分の塗り分けになった。現在は白い大展望台も以前はインターナショナルオレンジで、平成8（1996）年の塔体塗装の際に白く塗り替えられた。

21 東京タワーはエッフェル塔の真似をした？

「東京タワーはエッフェル塔を真似て造ったんだろう」

当時そう考える人も結構いた。今まで世界一だったエッフェル塔と東京タワーは何かと比較されることが多かったのは事実である。

エッフェル塔はフランス革命１００周年を記念してパリで行なわれた万国博覧会のために建てられた。建築が始まったのは明治20（１８８７）年１月28日で、明治22（１８８９）年の万博に間に合わせるため、工事は急ピッチで進められた。

設計者はギュスターヴ・エッフェル。工場で部品を作り、建設現場で組み立てるという工法が採用されたため、工事期間は大幅に短縮され、起工から26カ月後の１８８９年３月31日には落成式となった。

エッフェル塔ができるまでは、明治17（１８８４）年に建てられた高さ１６１メートルのアメリカのワシントン記念塔が世界で一番高い塔だった。当初、エッフェル塔の高さは全体で３００メートルで、昭和34（１９５９）年に塔頂にラジオアンテナが取りつけられ、高さ320メートルになった。

エッフェル塔は「パリの景観を壊す」と、その評判はすこぶる悪かった。『女の一生』などで知られる作家のモーパッサンはエッフェル塔建設の反対運動をずっと繰り広げていた。しかし、エッフェル塔ができてからは、塔内のレストランに通った。その理由は、「ここがパリでエッフェル塔が見えない唯一の場所だから」という。

確かに「エッフェル塔より高いものを」と高さは意識したが、その形を真似したわけではない。内藤多仲は著書の中で、こう書いている。

「東京タワーと性格の似ているエッフェル塔には、当時のフランスの建築上のスタイルから美観の要素が多分に盛られて、さまざまな装飾が施してあるが、こちらは多分に実質的であって、たとえば一本の鉄骨にも塔を支える力が働いているため、美術観念の点から優劣を比較するのは早計である」（『建築と人生』より）。

実際にエッフェル塔と東京タワーの写真を比べてみると、その構造はまったくといっていいほど違うのがわかる。細い鉄骨が網目のように張り巡らされているその姿から、エッフェル塔は〝レースの貴婦人〟と呼ばれることもあった。東京タワーより低いのに、７０００トンもの鉄骨が使われているのも、こういった構造によるところが大きいのだろう。

22＊建築時の世間の注目度は？

東京タワー建設には、当時の最新特殊技術が導入されており、過去に例のない大工事だったため、建設中にはたくさんの人々、マスコミが見学にやってきた。日本だけでなく、海外からの取材もあった。

特に見学者、取材者の多かったのがアンテナ吊り上げ工事である。ちなみに来客と工事関係者を区別するために、色分けしたヘルメットを導入したのも、この工事が初めてのことだった。

Part.2
もうすぐ50歳!
いろんな出来事
があった

23＊「東京タワー」の名はどうやって決めた？

すっかり定着している「東京タワー」という名称。しかし、「東京タワー」という名前は建築決定時点はもちろん、設計図にもその名はない。

実はこの名前、公募で選ばれたものなのである。いよいよ電波塔が建てられるということになって、塔にふさわしい愛称を一般公募することになった。応募総数8万6269通。実にさまざまな名前が集まり、完成直前に名前を決定する審査会が開かれた。

いちばん多かった名前は「昭和塔」で、それに「日本塔」「平和塔」が続く。また、空高くそびえているというので「きりん塔」「アルプス塔」、「ゴールデン・タワー」「オリエンタル・タワー」、アメリカと当時のソ連が人工衛星を競うかのように打ち上げていたためか「宇宙塔」、皇太子殿下（現在の天皇陛下）のご成婚が近いので「プリンス塔」というネーミングもあった。ちなみに「東京タワー」という応募は223通、全体の約0・26パーセントでしかなかった。

今でも盛んに行なわれているネーミングの公募は、えてして多数決になりがちである。そのままいけば、東京タワーは「昭和塔」になっていたかもしれなかった。

しかし、ここで思わぬドンデン返しが起きる。審査会の委員長である「話芸の神様」とも呼ばれた活弁士・徳川夢声はそのときの模様をこう記している。

「（中略）私はその名づけ親の一人になった。広くその名を全日本に求め、無数の巨名、偉名、美名、奇名、珍名が集まった中から、私たち委員が選んだ。結局、平凡そのものと思われる〝東京タワー〟と定まった。

今日に至ってみると、この名こそ最もふさわしきもの！　平凡こそ最高なり！」

こうして、数あるネーミングの中から、「東京タワー」が選ばれ、昭和33（1958）年10月9日に命名式が行なわれた。

「東京タワー」と応募した223通の人の中から、1名に賞金10万円が贈られることとなり、抽選で選ばれたのは神奈川県の小学校5年生の女生徒だった。

24＊人、人、人…開業式はエッフェル塔からも祝電が

昭和33（1958）年12月23日、午前8時から完工式は行なわれ、高松宮殿下夫妻をはじめ、各界の名士約5600名が招待された。

その内容はというと、岸信介首相をはじめとする来賓挨拶、次にエッフェル塔をはじめ、国内外からの祝電が披露された。エッフェル塔を運営する会社の代表取締役からは、

「私どもは、日本の技術者たちが、現代における最新の技術、それは1899年代においてわれわれにはまったく未知であった技術によって、この素晴らしく優雅な、輝かしい塔を築いたことを知っています。私どもは、同じ目的を持つ世界の高い塔との間に友好的不断の交わりを結びたいと望んでいます」

というメッセージが届いた。

また、竹中工務店など、関係団体への感謝状授与も行なわれた。

そして、大展望台行きのエレベータ前でテープカット。行列をなした招待客は

昭和33年12月、東京タワー開業式が高松宮殿下をお招きして開かれた（写真上）
東京タワービル４階の広い会場も内外の名士で賑わいを見せた（写真下）

3台のエレベータから大展望台へ。そして、近代科学館（現在のフットタウン）の祝賀パーティー会場へと移動することになっていた。しかし、ひっきりなしに詰めかける人、人、人……。最後の招待客がパーティー会場に着いたのは午後4時過ぎだったという。

25＊記録を塗り変え続けた来塔者数

開業前から話題の的だった東京タワー。もちろんオープン初日から多くの人が展望台から東京の景色を眺めようと殺到した。

ロビーからあふれだした人は、東京タワーの脚のまわりを十重二十重に取り巻き、ついには隣の芝公園の中まで列を作った。国電浜松町駅から東京タワーまでの1.5キロはタワーに向かう人々で、大混雑したという。

開業して初めての正月には、三が日で約7万人がタワーを訪れるという盛況だった。

この年、来塔した人の数は約520万人。それまでわが国でいちばん多くの人を集めていた上野動物園の年間入場者記録３６０万人を、はるかに上回る記録だった。

エッフェル塔が開業以来67年かかった３０００万人達成も、タワーは7年と12日目の昭和41（１９６６）年1月2日に成し遂げ、平成10（１９９８）年には来塔者1億３０００人を達成。国民一人が一度は塔に昇ったという計算になる。

過去の来塔者数の最高記録は、年間で約５２０万人（昭和34年）、月間で約71万人（昭和34年8月）、1日で約4万人（昭和35年3月30日）と、昭和30年代に集中している。現在も年間約２７０万人が訪れる東京タワー。特に混雑するのは、ゴールデンウィークやクリスマスの時期で、1日で3万人が来塔することもあるそうだ。

26✴開業時、展望料はいくらだった？

開業当時の展望料は大人１２０円、高校生70円、中学生以下50円、5歳以下は無料だった。当時の映画館の入場料が２００円程度だったことを考えると、妥当

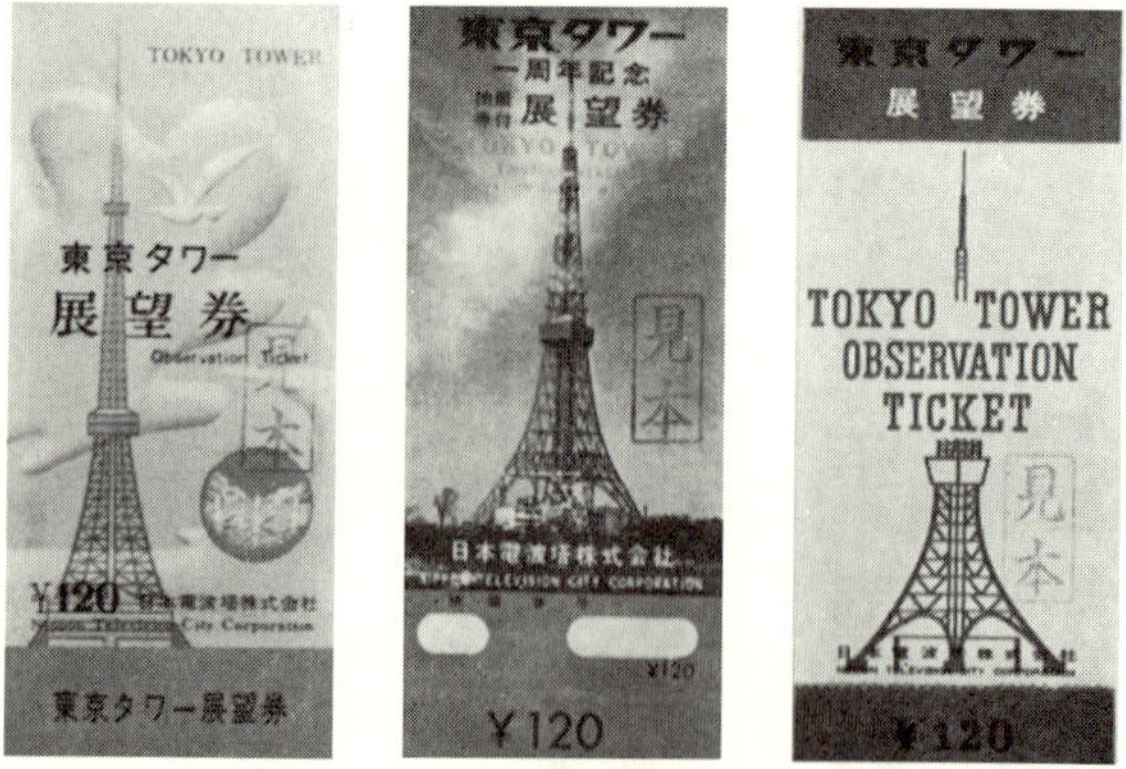

東京タワー、開業時の展望料は大人120円だった（写真左から昭和33年、34年、35年当時のチケット）

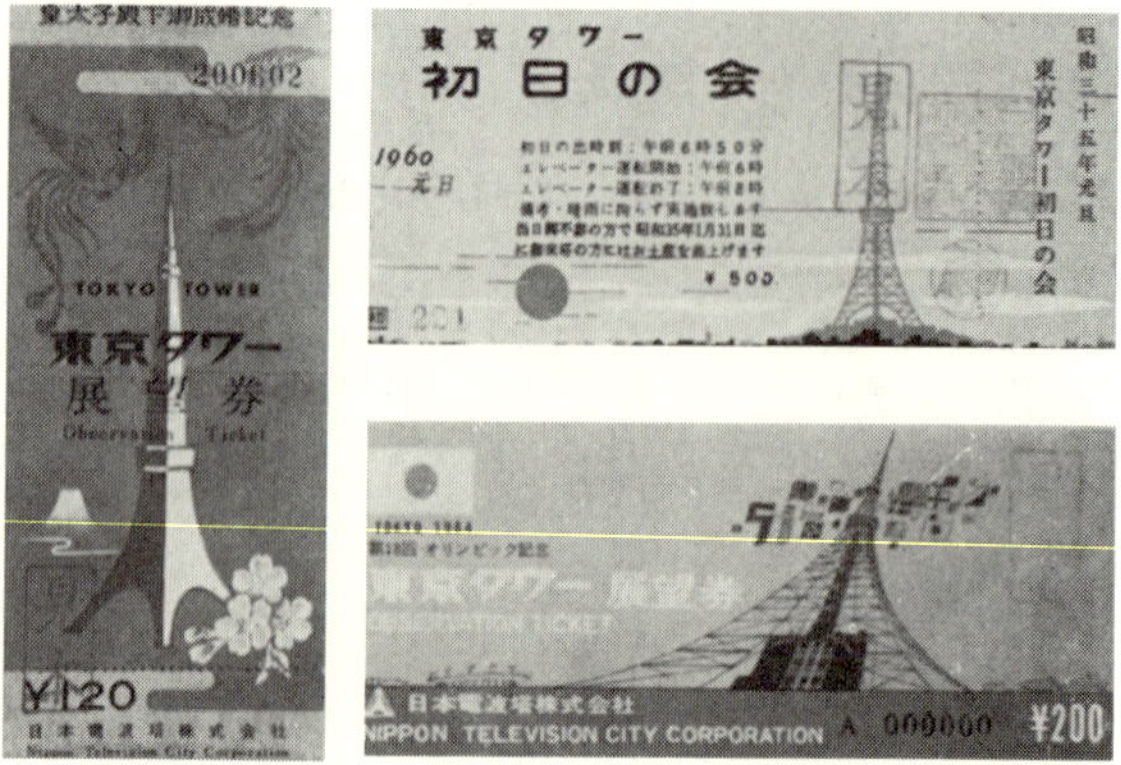

当時の世相の移り変わりがチケットからもうかがえる。昭和34年皇太子御成婚記念券（写真左）昭和35年元旦、初日の会記念券（写真右上）、昭和39年東京オリンピック記念券（写真右下）

な価格設定だといえるだろう。

27✴タワーのできた昭和33年はどんな年？

ここで当時の世相をふり返ってみよう。

昭和33（1958）年に日本で起きた主な出来事を挙げてみると——。

3月9日　世界初の海底道路　関門トンネル開通
5月16日　NHK、テレビ契約100万台突破
10月9日　この年、巨人軍に入団した長嶋茂雄が新人王を獲得
11月1日　東京—大阪間で特急こだまの運転開始
11月10日　浅間山大爆発
11月27日　現天皇・皇后両陛下のご婚約発表
12月1日　一万円札発行

……そして、12月23日の東京タワー完工式が1年を締めくくる。

昭和36（1961）年12月まで42カ月間続いた岩戸景気が、この年の6月から始まっており、日本は高度経済成長時代のまっただ中にあった。

他には日劇で1週間行なわれた第1回『ウエスタン・カーニバル』にティーンが熱狂。ロカビリーブームが到来。

石原裕次郎が映画で使って広まった「イカす」、そしてミッチーファンが使い始めた「シビれる」などといった言葉が流行。

そして、アメリカで大流行し、日本には10月にやってきたフラフープがブームに。「やりすぎると腸捻転になる」という噂が流れたせいか、流行は年末には下火になった。

実は今も愛され食されているチキンラーメンもこの年の発売開始である。

28＊「テレビ塔音頭」「たそがれのテレビ塔」とは

当時、相次いでタワーを歌った曲がリリースされた。いちばん早かったのが、タワー開業の年に発表された「たそがれのテレビ塔」（フランク永井）。翌年からは、「テレビ塔音頭」（山下敬二郎、朝丘雪路）、「東京三三三メートル」（ミラクルボイス）といった曲がリリースされた。

美空ひばりにも「東京タワー」という曲がある。

かのユーミンこと松任谷由実にも「手のひらの東京タワー」という名曲がある。また、ユニークなタイトルとしては「東京タワーを鉛筆にして」（アグネス・チャン）、「東京タワーを消せるなら」（池田聡）などが。

武道館を歌った有名な「大きな玉ねぎの下で」で知られる爆風スランプには、「おしゃれな東京タワー」という歌もある。

「東京タワー」（ＨＥＡＲＴＳ）は秋元康プロデュース。ＮＨＫ‐ＢＳ２で、毎回、ひとつの都道府県を取り上げ、魅力を紹介する『おーいニッポン』で、各都道府県の歌を作った際、東京都の歌として歌われた。
その他にも「東京タワー」がタイトルや歌詞に登場する曲は、枚挙に暇がない。

29＊今まで、訪れた著名人さまざま

昭和37（１９６２）年3月29日には、昭和天皇・皇后両陛下が行啓。大展望台で、天皇陛下はわざわざ持参された愛用の双眼鏡を手に、眼下に広がる景色を楽しまれた。後日天皇陛下は、宮中で催された園遊会に列席した前田久吉に、「東京タワーからの眺めは大変興味深かった」と声をかけられたという。

他にも、東京タワーには、各国の首相をはじめとする要人が多数訪れている。日本はもちろん、海外のスターも開業当時から来塔しており、中でもウィーン少年合唱団は何度もやってくるほどタワーが気に入っていたようだ。

開業して数年経つと、東京タワーの名は広く海外に知れ渡るようになり、外国人来塔者も急増。日本のイメージはそれまで、「フジヤマ、ゲイシャ」というものだったが、それに代わるものとして、「トーキョータワー、トランジスタラジオ」

が挙げられるようになった。

30＊タワーならではの過去の人気イベント

現在は展望台の窓を開けるイベントは禁止されているため実施することができないが、過去には、子どもの日に子どもたちを呼び、風船に草花の種をつけて、大展望台の窓を開け風船を飛ばすイベントが行なわれたことがあった。

また、イベントではないが、鉄骨の上でエジプトからきた逆立ち名人、アイブラハム・ラマハ氏がテレビ中継のため、大展望台より高い場所で、塔体に設けられている整備用の歩廊の上に台を載せ逆立ちをして、いろいろなポーズをとったことも。いくらテレビ中継とはいえ、残念ながら、これも現在実施することはできない。ラマハ氏は「逆立ちした場所に安全ネットが張ってあったり、体に命綱をつけさせられたのでやりにくかった。あんなものは邪魔です」と感想を述べたという。

31＊展望台で結婚式を挙げたカップルがいた？

昭和45（1970）年3月23日に、当時の東京タワー蝋人形館経営者のアメリカ人・ジョージ・ドラッカー氏とヴィッキー・クロフォードさんが特別展望台で結婚式を挙げた。展望台での結婚式は開業以来、これが初めてで唯一。東京タワーの社史には、紋付袴姿の花婿と、うちかけ姿の花嫁の写真が掲載されている。

ちなみに現在は、展望台の貸切りは受け付けていないが、フットタウン1階にあるフリースペース（約80坪の「タワーホール」及び約25坪の「小ホール」）は、各種イベントや展示会に使用されることがある。興味のある方は東京タワーに問合せてみては。

32＊東京タワーによじ登った人がやはりいた？

高い建物があるとなぜか登りたくなってしまうという人は結構いるものだ。

外国では高層ビルなど、何百メートルもの高さをよじ登るパフォーマーが多くいる。

東京タワーでも、今まで鉄骨に人がよじ登るという事件が何度かあった。しかし、もちろんすぐに発見されてしまう。

記憶に新しいところでは、平成17（２００５）年10月2日の日曜日、地上約１００メートルまでよじ登った男性が逮捕された。供述によれば、女性の心をつかもうとしての試みだったようだ。あるテレビ局は、鉄骨部分に立ち、大きな赤いハートと女性の名前とみられる言葉で飾られた旗を広げる様子を放映した。自称31歳の男性は警察の説得を受けて地上１００メートルから降り、結局、不法侵入罪で逮捕された。

現在はセキュリティーも一層厳しくなり、登ることはもちろん不可能。くれぐれもよい子のみなさんはこんなことなど考えないように。

33✴最初の東京タワー映画はメロドラマだった？

東京タワーができてすぐ、映画にもタワーが登場するようになった。タワー開業直後の昭和34（1959）年に公開になったのが、『東京ロマンスウエイ』（日活）『たそがれの東京タワー』（大映）という2作で、実は両方ともメロドラマである。

『東京ロマンスウエイ』は、東京タワーの入口で見物人に絵葉書を売る平田正一という男が主人公。彼は展望台の記念写真屋で働く女性に思いを寄せている。そこに恋の邪魔者が入るが、結局、ハッピーエンドというストーリー。

『たそがれの東京タワー』は銀座で働くお針子・吉野京子が東京タワーの展望台で、機械修理工と出会い、恋におちるところから物語が始まる。

富豪の令嬢という嘘がばれ、家にも店にも戻ってこない京子を探す恋人は、東京タワーまで彼女を探しに行く。

そこにはやはり彼女がいて――、という結末だ。

昭和37（１９６２）年、43（１９６８）年と二度映画化された『黒蜥蜴』（前者は大映・後者は松竹）では、女賊・黒蜥蜴は東京タワーの大展望台をダイヤの受け渡し場所に指定する。

実は江戸川乱歩の原作では通天閣になっているのだが、映画では東京タワーの大展望台に変更されているのだ。

三島由紀夫が昭和36（１９６１）年にこの原作を戯曲化し、以後、映画やテレビ作品などは、この戯曲にのっとって作られることが多かった。三島の戯曲でも、受け渡しの場所は通天閣ではなく、東京タワーになっているのだ。

昭和20年代半ばから40年代後半は通天閣がよく映画に使われていたが、東京タワーができてからは、こちらに人気が移行。『黒蜥蜴』も、原作どおりにするよりも、新しくできたばかりの東京タワーにしたほうが、時代性を出せるということでこちらに変更されたのかもしれない。

映画に登場する東京タワーは物語にかかわらず、景色の一部として登場するものも含めると、数え切れない。

最近の映画で、東京タワーが出てきて印象に残る作品といえば、なんといっても『ＡＬＷＡＹＳ　三丁目の夕日』だろう。建設の進む東京タワーが物語の重要な背景になっている。

34✴誕生日に東京タワーに行くといいことがある？

意外に知られていないことだが、タワーでは〝Ｂｉｒｔｈｄａｙ♪インビテーション〟という特別サービスを随時行なっている。誕生日の人に限って、特別プレゼントがあるという、うれしい企画だ。

大展望台までの料金が無料。大展望台のカフェ「カフェ　ラ・トゥール」では、ケーキのプレゼントが。さらに東京タワーオリジナルのバースデーカード（非売品）もプレゼントされる。

誕生日を証明できるもの（免許証・学生証・健康保険証等）を１階案内所にて提示する。

ただし、サービスは誕生日当日、本人のみ有効。

また、ケーキプレゼントはカフェの営業中（10時～21時30分）のみとなる。

誕生日こそ、東京タワーを訪れてみてはいかがだろうか。

35✴蝋人形館が、ミュージシャンで充実している理由

昭和45（１９７０）年、日本で最初に開設されたアジア最大の蝋人形館。展示されているのは、蝋人形発祥の地、ロンドンの工房から直輸入されたものが中心で、その数１００体以上。

オープン当時は、ドラキュラ、フランケンシュタインなどが人気だった。現在は、「20世紀を飾った人々」をテーマに国内外で活躍した人物が追加されている。宇宙飛行士の向井千秋さん、ジュリア・ロバーツといった顔ぶれが並ぶ。また、東京タワーを造った前田久吉の蝋人形もある。なんと、『ダ・ヴィンチ・コード』で一気に注目を浴びた〝最後の晩餐〟を再現したブースも。

どの蝋人形もあまりにリアルで、空いている日に一人で入場するとちょっと怖いかもしれない。

なお、平成18（２００６）年には、ザ・ビートルズの名盤『サージェント・ペ

パーズ・ロンリー・ハーツ・クラブ・バンド』のジャケット撮影で実際に使用されたビートルズの蝋人形が陳列され、話題になった。平成17（2005）年、英国の「マダム・タッソー蝋人形館」が昭和42（1967）年に製作したビートルズの蝋人形頭部が、約40年ぶりに同館の倉庫から発見され、期間限定でこの蝋人形館にやってきたのだ。

貴重品のため、展示スペースを常時警備員が見張っていた。ちなみにポールだけは発見されなかったため、当時のものではない。現在は、以前から陳列されていたビートルズが展示されているが、もし、ポールがみつかったら、また4人揃った蝋人形ビートルズが、海外ツアー（?）にやってくるかもしれない。

出口近くのコーナーはミュージシャンのコーナーなのだが、ジミ・ヘンドリクス、リッチー・ブラックモアなど、数々の有名ミュージシャンが！　このスペースがとくに充実しているが、なんでも館長の趣味なんだとか。これ、本当。

最後に待つ杉原千畝の蝋人形に見送られて、出口を通ると、なんと「ジャーマン・ロック&プログレ専門CDショップ」まである。CDやTシャツなど、さまざまなグッズが並んでいて、それ目当てで来塔する音楽ファンも多いらしい。

36✴大展望台に外階段で昇れる？

いざ東京タワー見学とフットタウンに入ると、正面には大展望台行きのエレベータが3基あり、いつも人が並んでいる。

その隣にある館内専用エレベータに乗ってフットタウン屋上に出ると、大展望台まで続く昇り階段入り口と、大展望台から降りてくる下り階段出口がある。外階段は全部で590段。大人で約15分程度、小学生だと10分ほどで昇ってしまうそうだ。開業時のパンフレットには「大人13分、小学生15分、老人20分」となっている。当時は老人も結構、階段を昇ったのだろうか。

以前は夏休みなど混雑時に限ってオープンしていたが、外の景色を眺め、風を感じながら昇ることができると好評で、「もっと階段で昇れる機会を作ってほしい」といったリクエストが相次いだため、平成17（2005）年8月から日・祝日11時〜16時（雨天時・荒天時は中止）のあいだに開放されるようになった。もちろん、来場者が多数訪れたときも階段を使って昇ることができる。

ここから大展望台まで590段の外階段で昇ることができる

昇り階段利用者には、非売品の「ノッポン公認昇り階段認定証」（ナンバリング入り）がプレゼントされる。親子でチャレンジする家族連れなど天気がよければ、1日300人前後がこの昇り階段を利用しているそうだ。

実際に昇ってみると、259段を昇ったところに、「ここが大展望台までのなかばです」、もう少しというところでは、「歌でもうたって疲れを吹きとばしましょう」という看板がある。

昇り階段と下り階段は、それぞれ別の階段になっていて、懸命に昇っていると、下り階段を行く人たちとすれ違う。昇りに挑戦する自信がないけれど下りなら、という人は結構多いようだ。下り階段の案内には所要時間は約8分と書かれていて、当然昇りよりも早く降りられる。

屋上から大展望台まで自力で行ったのだから料金は安くならないの？　と考える人もいるだろう。残念ながら、あくまでも展望料金なので、エレベータでも階段でも料金は同じである。

体育の日には「東京タワー　ファミリーラリー」という階段昇りのイベントがある。

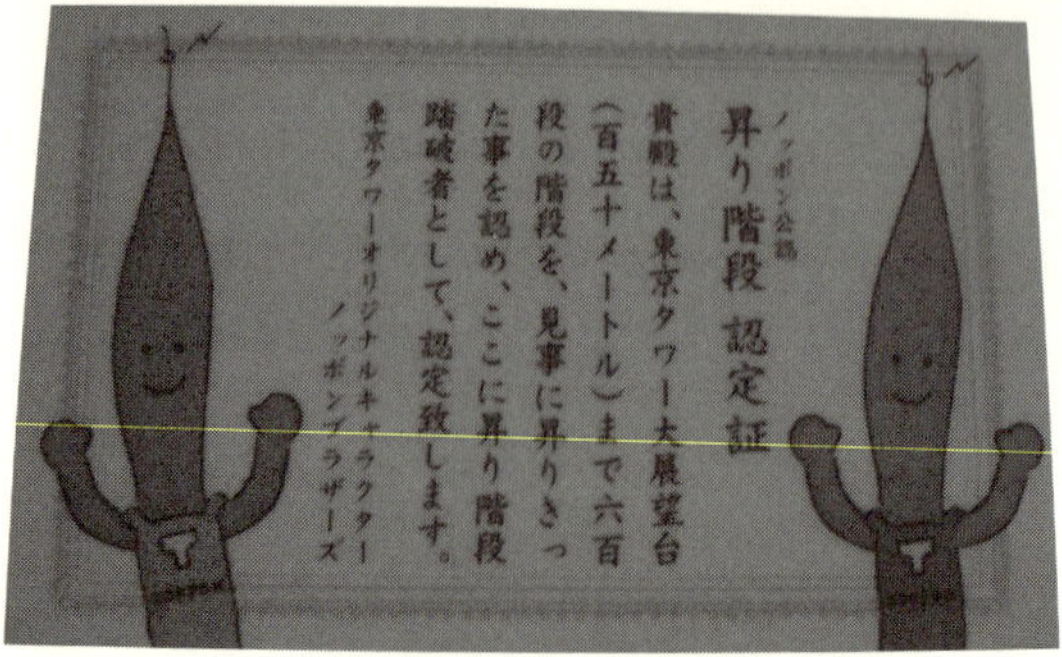

外階段を半分ほど昇ってくると疲れた客を励ます看板がある（写真上）
昇り階段を制覇した利用者にプレゼントされるノッポンの「階段認定証」（写真下）

家族や友人など３～４名でチームを構成。チームで往復約１２００段の外階段を昇り下りし、あらかじめ設定された「隠しタイム」にいちばん近いタイムを記録したチームを優勝とするラリー形式のイベント（申し込みは先着順で30チームまで）だ。「隠しタイム」には東京タワー独自のルールとして、大展望台での休憩時間や景色を楽しむ時間も含まれている。

１位～３位のチームには記念品の盾と賞品を贈呈するほか、参加者全員に「オリジナル記念メダル」と「ノッポン公認昇り階段認定証」をプレゼントする。同イベントは体力増進を呼びかけるため、昭和48（１９７３）年から行なわれている毎年恒例の行事なのだ。

37＊テレビ・ラジオ以外の電波も送受信している？

現在は行なわれていないが、タワーは国鉄（現在のＪＲ）電波の送受信も行なっていた。

「みどりの窓口」で、座席の空席を素早く調べ、チケットを打ち出す自動座席予約装置の電波送受信などが、東京タワーの仕事だったのだ。

昭和41（1966）年までは当時の国鉄本社（東京駅丸の内北口にあったが、平成9年に解体された）屋上にあったアンテナがこの役割を果たしていたが、高層ビルなど電波障害の原因になる障害物が多くなってきたため、同年、中継施設が東京タワーに移転したのである。

また、特別展望台の上あたりには、警察庁のアンテナも設けられていた。このアンテナでは犯罪や交通事故などの発生をパトカーに伝える警察電波の送受信を行なっていた。

Part.3
東京タワーは超一流のエンターテイナー

38＊イメージキャラクターの兄弟の見分け方は？

平成10（1998）年、一般公募で選ばれた、東京タワーのイメージキャラクター、それがノッポンだ。みうらじゅん著『ゆるキャラ大図鑑』でも紹介されている。また、ノッポンの本『東京タワーのノッポン』が平成18（2006）年7月に講談社から発売された。1階案内所に購入者向けにノッポン・スタンプが用意されている。

誕生日は平成10（1998）年12月23日（東京タワー開業40周年記念日）。年齢は10歳。それからずっと歳をとっていないが、ノッポンが〝永遠の10歳〟と語っているところをみると、彼らの歳のとり方は私たちとは違っているようだ。身長は2メートル23センチ。目標は〝ゆるキャラ界のトップスター〟ということである。

ピンク色のボディーにオーバーオール。頭が細長くて、「ニンジン？」などと中学生にからかわれたり、「たとえはちょっと悪いですけど、ピンクの大根みたいですよね（笑）」と同業者のエレベータガールに初めて見たときの感想をいわれてし

オーバーオール姿で来塔者の心を癒してくれる「ノッポン」

まったり……。そんなところが〝ゆるキャラ〟らしくていい感じ。

プロフィールには、「クールで無口なシャイボーイ」（兄）「明朗活発ながら、恥ずかしがりやの一面も」（弟）と書かれている。東京タワーの掲示板に登場する語りをみると、確かに兄と弟の性格はまったく違うようだ。特に掲示板での兄のちょっとクールな語り口にはファンが多い。フジテレビ系列『トリビアの泉』でも、掲示板での「ノッポン兄」の話し方が大人びているというトリビアが紹介された。

ノッポンが登場するのは、土・日・祝日の10時～17時。タワー正面玄関付近、フットタウン屋上を中心に出没する。夏休みや正月になると、毎日、登場。声をかけると気軽に握手をしたり、ハグしてくれる。

ふだんはオーバーオール姿で、青が兄、赤が弟だ。夏休みには浴衣、クリスマス時期にはサンタの衣裳、正月には紋付袴姿になる。袴や浴衣でオーバーオールが隠れてしまった場合の兄弟の見分け方は靴。オーバーオールと同様、兄が青、弟が赤を履いている。また、額にバンソウコウがついているのが兄だ。兄は掲示板で「まだ癒えないキズがおでこに……」と語っているが、そのキズができた理由は語ろうとしない……。

特別な日でもない限り、二人一緒に登場することはほとんどないので、兄弟ノッポンを揃って見た人はある意味貴重といえるだろう。

大展望台2階のオリジナルグッズショップには、ノッポングッズが揃っている。ぬいぐるみ、ストラップなどオーソドックスなものから、中にはノッポンが先についた耳かきなどといったものもある。

39✴ライトアップの0時消灯を見ると幸せになる？

東京タワーのライトアップ、基本的には午前0時が消灯の時間になっている。0時になるとライトアップの電灯は消え、航空障害灯など、必要最少限の照明だけになるのだ。

ただし、0時消灯とはいっても、タワー側にもいろいろ事情がある。アンテナ関係の定期点検や、照明のテスト、またその他の工事が行なわれる場合は、ライトアップの消灯時間が遅くなり、0時を過ぎてもライトがついていることもある。

いつの頃からか、カップルの間では消灯の瞬間を恋人と一緒に見ると幸せになれるという「ライトダウン伝説」が生まれ、現在でも0時近くになると東京タワーの下に集まって、タワーを眺めているカップルは少なくない。いつも0時に消えるわけではないライト。それゆえ一緒に行ったとき、ちょうど0時に消えたなら、確かに運命を感じて二人の仲も盛り上がりそうだ。

一方、タワーにライトが灯る時間だが、点灯時間は特に決まっていないそうだ。季節やその日の天気によって日が暮れるタイミングを見ながら、担当者が点灯しているという。

40＊ライトアップにかかる電気代はいくら？

電気代は1日約2万5000円。1カ月で75万円程度なのだから、意外にコストは低い!?　ライトアップ用の照明は全部で176個設置されており、基本的に1年に2回交換されている。万が一切れたライトを発見した場合は、そこだけ取り替えるという。しかし、1年に2回とこまめに交換しているため、現実的にはライトが消えることはないのである。

「もし照明がひとつでも消えてしまった場合、すぐに気がつくものですか」

そんな疑問を日本電波塔株式会社にぶつけてみると、「東京タワーにはさまざまな工事関係業者がかかわっているので、照明が消えていた場合は、すぐに連絡が入るでしょう」ということだった。

41＊毎晩ライトアップされるようになったのはいつ？

毎晩、美しく輝くタワーのライトアップ。投光器で塔脚を浮かび上がらせる現在のライトアップは、平成元（１９８９）年にスタートし、すっかり東京の風景として定着したが、それ以前はタワーの輪郭を光の点描で写し出す、いわゆるイルミネーションが東京タワーを照らしていた。そのイルミネーションも開業から昭和39（１９６４）年までは、毎晩点灯していたわけではなかった。開業から20日間は祝賀の意味を込めて、イルミネーションを毎晩点灯したが、それ以降は日曜、祝日の前夜に限って、イルミネーションを点灯していたのである。

昭和39（１９６４）年、東京オリンピック期間中は祝意を示して、イルミネーションを連夜点灯した。すると、これが大きな反響を呼んだ。オリンピック終了後の昭和40（１９６５）年、「東京タワーのイルミネーションがないと、東京の灯が消えたようでさびしい。ぜひ毎晩点灯してほしい」という声が投書や電話で相次いで寄せられたのだ。以来、タワーは毎晩点灯されることになったのである。

42＊ライトアップの衣替えはいつ？

毎日、日が暮れると美しくライトアップされる東京タワー。この照明は世界的に著名な照明デザイナーで、レインボーブリッジ、ベイブリッジなども手がけた石井幹子氏によるもの。

開業当時、東京タワーは６９６個の電球でライトアップされていた。

前項でもふれたが、その後、平成元（１９８９）年1月1日午前0時に完成30周年を記念して、大きな投光機で光を当てるライトアップ方式が取り入れられた。現在はデジタルアンテナ部分12灯、特別展望台上部12灯、特別展望台から大展望台まで40灯、大展望台下部16灯、大展望台からフットタウン屋上まで84灯、塔脚

世界的に有名な照明デザイナーの手によるライトアップ

部12灯の計176灯で構成されている。タワーのライティングは1年間に2回、オレンジ色のライトとシルバーライトに変更される。10月2日から7月6日までの「冬バージョン」は高圧ナトリウムランプを使ったオレンジ色のライト、7月7日から10月1日までの「夏バージョン」はメタルハライドランプのシルバーライト。この2種類のランプはそれぞれ色調がかなり異なっている。よく知られているのは、温かみのあるオレンジ色の「冬バージョン」のライトアップか。一方、夏のライトアップはシルバーライトを使用しているので、白色を基調にしたすっきりと涼しげなイメージが特徴だ。

その他、イベントやプロモーションの際には、タワーは特別ライトアップされる。『マトリックス　リローデッド』の公開記念、「地上デジタル放送」関東フルパワー送信記念などの際に特別ライトアップが行なわれてきた。ただし、特別ライトアップの場合はこの日のために176個の電球を取り替えているわけではなく、電球を全て消灯し、地上からサーチライトを当てて演出している。

また、毎年、クリスマスにはタワーがロマンチックにライトアップされてきた。平成17（2005）年からは、「東京タワー　クリスマスライトダウンストーリー」

という〝光と音〟のイベントショーが行なわれるようになり、話題に。東京タワーにまつわる「ライトダウン伝説」をモチーフに、一度点灯した東京タワーがカップルの熱い想いやパワーで再び点灯するまでがストーリー仕立てになっている。

43✴元旦に行くといいことがある？

通常展望台は午前9時オープンだが、元旦に限り、午前6時から営業を開始する。「初日の会」と呼ばれる、初日の出を見る恒例行事が開催されるためだ。年が明けると近くの増上寺で初詣を終えた人たちが午前2時頃から列を作り始め、オープン直前には、毎年１５００人以上の人が東京タワーを取り囲む。また、6時の入場開始とともに、その年の年号と同じ数の記念メダルが先着順にプレゼントされる。２００７年なら２００７個限定、日付刻印入り）大展望台に入場制限はないのだが、特別展望台は狭いため、初日の出を眺められるのは先着80人のみ。特別展望台整理券は元旦の朝4時頃から配布される。東京の初日の出は午前6時50分頃。初日の出があがった後は、元旦の特別サービスとして、1階正面玄関前で樽酒無料サービスがある。

さらに正面玄関ではノッポンが紋付袴姿で迎えてくれる。ちなみに「初日の会」では毎年先着3名の方に、表彰状が授与されている。来年はあなたも一番が無理でも三番乗り程度を狙ってみては？

44✴大展望台で毎週ライヴがある？

東京タワーでは高さ333メートルを象徴する〝club333〟（クラブサンサンサン）をキーワードに、大展望台1階の特設ステージで「club333プロジェクト」を進めている。〝音楽と景色、音楽と夜景〟をコンセプトに、毎週水曜、木曜、金曜の夜に、独自の空間演出を施したレギュラーイベントを実施しているのだ。水曜日に行なわれているのは「club333 Wednesday Live」。

平成14（2002）年秋にスタートしたこのライヴは、ジャズやポップスを中心に、実力派アーティストが夜景にピッタリの生演奏を披露している。

そして平成18（2006）年4月からは、木曜夜に「club333 Thursdays' Concert」と題したライヴが新たにスタート。

「Thursdays' Concert」は、「Wednesday Live」に比べるとちょっと懐かしめのオールディーズや60年〜70年ポップス、カバー曲などを中心とした構成になっている。両日とも生演奏は大展望台1階ステージで行なわれているが、スピーカーを通し、心地良いBGMとして大展望台2階にも流れているのが特徴である。

ステージは1日2回。展望料金だけで楽しめる。あらかじめスケジュール・出演者を東京タワーのホームページ（http://www.tokyotower.co.jp/333/index.html）でチェックしておこう。

毎週水・木の夜は、展望カフェでくつろぎながら、夜景と生演奏の共演を——。

45✴日曜日には大道芸も見られる？

近代科学館時代、屋上は子どもたちのための遊戯場だった。リニューアルが終わり、フットタウンになってからも、昔懐かしい屋上遊戯施設は健在だ。子どもはもちろん、大人の方も、昔を思い出しながら楽しく遊べる。また、屋上から見上げるタワーの姿は、なかなか迫力があるので、東京タワーを訪れた際は、ぜひ屋上にも立ち寄ってはいかがだろうか。

屋上遊園地は雨天中止。基本的に11時から17時までオープンしているが、土・日だけしか営業しない時期があるので、開園時間はあらかじめ調べておくこと。なお、屋上には「ガラスの広場」というフリースペースもある。

ここでは天気がよければ毎週日曜、1日3回行なわれる「にちようパフォーマンス」を開催中。

週替わりで登場するピエロや大道芸人等、さまざまなジャンルのパフォーマーたちが、目の前で迫力あるパフォーマンスを披露する。屋上が使えないときは、大展望台1階の特設ステージで開催しているので、日曜日はスケジュールをチェックして「にちようパフォーマンス」を見よう。

46✴大展望台に好きな音楽やメッセージが流せる？

96ページでもふれた「Ｃｌｕｂ３３３プロジェクト」だが、毎週金曜の19時半～21時には、「Ｃｌｕｂ３３３　Ｎｉｇｈｔ　Ｖｉｅｗ　ＤＪ」という大展望台限定のＤＪイベントが行なわれている。

このイベントでは東京タワーイメージガールがＤＪとなり、お客様からのリクエスト曲とメッセージを大展望台全体に流してくれる。

東京タワーホームページからリクエストをすると、採用者には事前にメールでオンエア時間を知らせてくれる。

ふだんいえない言葉や愛の告白など、サプライズメッセージを添えて、利用してみてはいかがだろう。

さらに「ジュークボックスリクエスト」では、ステージ横に用意した約１５００曲のリクエストブックから好きな曲をその場で選び、大展望台全体にオンエアできる。

こちらは予約をしなくても当日ステージ横で直接申し込むことが可能。メッセージを添えて、その場でどんどんリクエストしてみよう。
（ホームページリクエスト　http://www.tokyotower.co.jp/request.html）

47＊しばしばテレビに登場する東京タワー

東京タワーはドラマやCM、情報番組や天気予報など、テレビを見ていると毎日1回は目にするといっていいほど、よく登場する。

CMで近年印象に残っているのは、平成18（2006）年にオンエアされた、ホンダゼスト（自動車）のCMか。CGによって東京タワーが2本、そして3本になる。東京タワーが増えたというテレビニュースを見て、木梨憲武、中島知子演じる3人家族がゼストに乗って出かけるという内容だ。

番組冒頭に登場する東京タワーが印象的だったのは『ヤンヤン歌うスタジオ』という歌番組（昭和52年～昭和62年日曜19時から）。放映はテレビ東京系で、番組収録が東京タワー裏の旧社屋（現在の東京タワー芝公園スタジオ）で行なわれていたということが大きかったのだろう。

また、日本電波塔株式会社制作による東京タワーのＣＭもある。平成17（２００５）年に東京タワーがリニューアルした際は、東京タワーをクレーンで持ち上げ、新しい東京タワーと取り替えるという斬新なＣＭが話題を呼んだ。また、平成18（２００６）年にはリニューアルＣＭ第二弾として「空中散歩」篇がオンエアされている。朝から夜までさまざまな表情を持つ東京の景色の移り変わりを、展望台の内観とともに美しく表現している。

このＣＭで使われているＢＧＭ「ラ・ラ・空中散歩」は「Ｗｅｄｎｅｓｄａｙ Ｌｉｖｅ」にも出演している末永華子によるオリジナル曲。耳に残るポップな曲調が印象的だ。

48✴ベストセラーになった「東京タワー」

東京タワーは小説や評論等にもよく登場するが、最近の大ヒット作といえば何といっても『東京タワー　オカンとボクと、時々、オトン』（リリー・フランキー著）であろう。

「それはまるで、独楽の芯のようにきっちりと、ど真ん中に突き刺さっている。東京の中心に。日本の中心に。ボクらの憧れの中心に。きれいに遠心力が伝わるよう、測った場所から伸びている」

と、小説の冒頭には東京タワーがこう描かれている。

ちなみに大展望台のショーケース内には、リリー・フランキー氏のサインと「ノッポン」を著作で取りあげたみうらじゅん氏のサインが並んで飾られている。

49＊アニメ・マンガにも頻出する東京タワー

アニメ、漫画のクライマックスシーンにも東京タワーは欠かせない存在だ。漫画『僕の地球を守って』ではクライマックスの場所に。また、アニメ映画『天地無用！　ｉｎ　ＬＯＶＥ』（平成8年）でも、修学旅行で向かう東京が決戦の地になる。

また、その作品のほとんどに東京タワーを登場させるというグループもいる。

それは4人の女性漫画家集団のCLAMP。作品のほとんどには東京タワーが登場する。

　大人の鑑賞にも耐えられる名作が多い『クレヨンしんちゃん』シリーズにも東京タワーは登場する。『嵐を呼ぶモーレツ！・オトナ帝国の逆襲』（平成13年）では、突然出現するテーマパーク「20世紀博」の象徴が東京タワーである。

　さらにアニメ映画『東京ゴッドファーザーズ』（平成15年）では、ポスターにも東京タワーが描かれている。とにかく時代や東京を描くのに東京タワーは不可欠な存在なのだ。

50＊東京タワーが出る小説は映像化率が高い？

　東京タワーが出てくる小説は『東京タワー　オカンとボクと、時々、オトン』以外にも、『東京タワー』（江國香織著）、少し前だと『微熱少年』（松本隆著）などがある。いずれも男性が主人公、そして映画化やテレビ化されたという二つの共通点がある。

二組の少年と年上の女性の恋愛模様を描いた『東京タワー』は、ストーリーも東京タワーの扱い方も原作に忠実な形である。一方、『微熱少年』は、60年代の青春を描いた私小説。〝ぼく〟の部屋からは東京タワーが見える。タワーができる頃小学生だった〝ぼく〟は、その頃をこのように書いている。

「小学生の頃、そのタワーは半分しか無かった。頭部の欠けたタワーは古いSF映画のセットのように神秘的だった。塔は一メートルずつ青空に向かって伸びていった。透明で巨大な手が大仕掛けの奇術をしているようだった」

〝ぼく〟はビートルズのチケットを譲ってもらうため、当時は開閉していた勝どき橋が開くとき、車で飛び越えるという挑戦をする。ただし、著者自身が監督した映画ではこの部分が東京タワーに変わり、東京タワーにリボンを結んだらチケットを譲るという話になっている。

51＊東京タワーが怪獣を倒した？

それは『ウルトラQ』（昭和41年）の中の『2020年の挑戦』という作品。

宇宙人のケムール人は、地球人を誘拐し、自分たちの星に電送する。ケムール人の弱点はXチャンネル光波。巨大化して遊園地で暴れるケムール人に向けて、東京タワーからXチャンネル光波が発射される。Xチャンネル光波はケムール人の頭に命中。自らの液体を浴びて、ケムール人は消滅する。

反対に、怪獣が東京タワーを破壊する作品は多い。巨大な怪獣が高いものを破壊するという姿が絵になるからだろう。また、象徴が破壊されるということで、ことの重大さを伝え、物語をよりドラマチックに演出するという効果もあると考えられる。

『地球攻撃命令　ゴジラ対ガイガン』（昭和47年）では、ガイガンがタワーをへし折る。『ゴジラ×モスラ×メカゴジラ』（平成15年）では、ゴジラが東京タワーを破壊する。意外や意外、ゴジラがタワーを破壊したのはこれが初めてだという。同年、ゴジラに破壊された、その東京タワーの撮影用セットがタワー内で展示されたこともある。

『モスラ』（昭和36年）でモスラの幼虫が東京タワーをへし折り、糸を吐いて繭を作り、蛹《さなぎ》になる。羽化して成虫にならないうちに攻撃をと、蛹に原子熱線砲が発射される。

キングギドラが翼から衝撃波を出してタワーを破壊するのは『三大怪獣　地球最大の決戦』（昭和39年）。ガメラ映画の記念すべき第一作目の『大怪獣ガメラ』（昭和40年）では、ガメラが火炎放射で破壊。昭和43（1968）年の「ガメラ対宇宙怪獣バイラス』でガメラは再び東京タワーを破壊する。約30年後の『ガメラ大怪獣空中決戦』（平成7年）では、自衛隊のギャオスを狙ったミサイルがタワーに当たってしまう。そして、ギャオスが半壊した東京タワーの上に卵を産む。

『ウルトラQ』では、『ガラモンの逆襲』で、東京にやってきたガラモンが破壊する。『キングコングの逆襲』（昭和42年）で、メカニコングがよじ登る。

『帰ってきたウルトラマン』（昭和46年）では、26話で昆虫怪獣ノコギリンが東京タワーを破壊する。『ウルトラマンA』（昭和47年）では、ミサイル怪獣のベロクロンが破壊する。他にもいろいろな怪獣映画に東京タワーは登場し、何度も破壊されている……。

52＊単なる噂？ それとも……。怪奇現象が起きる？

人気スポットだけあって、東京タワーにはコワ〜イ噂もあるようだ。
あくまでも噂であり、事実でないことは明白だが、一応紹介しておこう。
・タワーの塔脚の一本は墓地跡にある。
・建築時に増上寺の墓地を一部取り壊して作ったため、墓を取り壊された霊による怪奇現象が起きる。
・朝鮮戦争の戦車を解体した型鋼を材料の一部として使っているため、戦死した搭乗員が出てくる。
・大展望台に女性の幽霊が出るという噂も。特に雨の日に出るというが……。
・タワーを背にして写真を撮ると無数の人影が写る。
・蝋人形館の人形が勝手に動く。中世拷問の部屋では、実際に展示されているものより蝋人形の数が多かったりするとか。
以上、ネタ元は定かではないが、興味があれば検証してみては。

53＊東京タワーにイメージガールがいる？

毎週金曜日の夜、大展望台のクラブ３３３特設ステージで開催される「Ｎｉｇｈｔ Ｖｉｅｗ ＤＪ」のＤＪを担当したり、イベントに登場したりと、幅広く活動するイメージガールは現在3代目。３代目の小林さくらさん（昭和57（１９８２）年12月3日生まれ　出身地・北海道　血液型・Ｏ型　星座・いて座　趣味・陶芸、ドライブ　特技・スキー、美術　２００２年東レ水着キャンペーンガール、雑誌モデルなど幅広く活躍中）は、昨年に続き2期目のイメージガールとして、東京タワーを盛り上げている。

イメージガールの選考ポイントを日本電波塔株式会社に聞いてみた。

「選考はオーディション形式によるものもありました。東京タワーが好きであり、東京タワーに思い入れがある方が結果としてイメージガールになっていると思います」

やはり、東京タワーを愛しているということが一番のポイントなのだ。

Part.4
高いからこそ備えは万全!

54＊タワーがいちばん揺れたときは？

過去、タワーがいちばん揺れたのは、昭和34（1959）年に全国で死者・行方不明者5000人を出した伊勢湾台風のとき。9月26日深夜0時頃、東京タワー付近を通過した台風は最大瞬間風速52メートルを記録し、タワーは4センチ、アンテナの先端は90センチ左右に揺れた。

タワーができる前にいちばん強い風が吹いたという記録は昭和9（1934）年の室戸台風の際、大阪で記録された瞬間風速60メートルだった。

内藤多仲は90メートルの風速にも耐えるよう、東京タワーを設計した。どんな台風や強風でも大丈夫だと内藤は自信を持って語っていた。それを証明したのが、完成した1年後にやってきた伊勢湾台風だったわけだ。

なお、タワーにはデジタルアンテナ上部に2基、大展望台上部に2基、大展望台下部に1基、塔脚部分に1基の計6カ所に風速計が取りつけられ、平均風速、瞬間風速、風向を観測している。

55＊大展望台2階にある山型の箱は？

大展望台の２階、梁の下に山型の箱がポツンと置いてある。あまり興味を示す人はいないが、灰色の塗装がところどころ剥げていて、いかにも年季の入った感じのする箱だ。覗いてみるとまず目に入るのは、赤い巻紙のような記録用紙とその上に置かれた３本の記録針。紙には何も書かれていないが、どうやら何かを測定する装置のようだ。

実はこれ、ＳＭＡＣ型強震計という地震計で、昭和28（１９５３）年に開発された、特に強い地震動を記録するための計器だ。10ガル（地震の大きさを加速度で表す際の単位。関東大震災のときがおよそ３３０ガル、阪神大震災では最大８００ガルの加速度が生じたといわれている）以上の強い地震が起こると自動的に電源が入り、赤い紙を巻いているドラムが動き出し、針が赤い紙に振動の変化を記録するという仕組みになっている。しかし、大きな地震の場合、停電をはじめとするさまざまなトラブルで針が動かないことも考えられる。でもご安心あれ。

ＳＭＡＣ型強震計にはそんなトラブルを想定した仕掛けがしてあるのだ。ドラムの右側を見ると、１センチほどの銀色の小皿の上にパチンコ玉のような銀玉がのっているのが見える。この玉は、約１００ガルの地震で落下し、ドラムが3分間動くようになっている。もし、地震のダメージでドラムの電源が止まってしまっても、きちんと地震は記録されるというシステムなのだ。

そこまで〝強震を記録する〟ということにこだわったのには理由がある。当時、大きな建造物は地震でどう動くのか、データもなく、ほとんどわかっていなかった。そこで、大きな地震のときにどのように建造物が揺れたか記録できれば、増加が予測される高層建築の耐震設計に役立つと考えられたのだ。

そして、ＳＭＡＣ型強震計は建物を中心に、タワー、橋梁、ダム、港湾などに設置された。強震計は当時の金額で１台１００万円（現在の金額に換算すると約２００万円）。当初11年間の強震計設置台数は85台と報告されている。東京タワーはいち早く地震対策を講じたのである。

少し年配の人であれば、屋根が三角になっているこの形、デパートなどで見たことがあるかもしれない。今でこそ、改装などを機に撤去されてしまった強震計

大展望台２階にある年季の入った箱こそ、大きな地震で停電になっても作動する強震計である（現在は使われていない）

は多いが、昭和40年代にはビルや百貨店によく設置されていた。屋根が三角形をしているのにはちゃんと意味がある。強震計の上に物を載せられないためである。それだけ大事な計器として扱われていたのだろう。

56✴飛行機がぶつかることはないの？

東京タワーに対し、航空関係からの要求があったのは、昭和33（１９５８）年3月、東京で開催された国際航空運送協会の太平洋・アジア地区技術会議の席上だった。羽田空港から北に向けて正しいコースで飛び立つ場合は問題ないが、エンジントラブルなどで飛行機のコースが狂った場合、タワーにぶつかる恐れがあると、各国の航空会社代表が抗議したのだ。そして、３３３メートルのタワーの高さを70メートル低くするか、航空障害灯などの設備を完全にするかという選択を迫られた。東京タワーは後者の条件を受け入れ、タワーをインターナショナルオレンジと白に塗り分け（53ページ参照）、航空障害灯も設置した。

その後、航空障害灯に関する基準が昭和35（１９６０）年に設けられ、地上や水面から60メートル以上の高さの建築物には設置が義務づけられるようになった。しかし、ビルの高層化が進んだ結果、赤色灯だらけになった夜間の都市景観は決して美しいものではない。また、それだけ多くのエネルギーが使われていることになる。そこで国土交通省は、「航空障害灯」の設置基準を平成15（2003）年から緩和し、数を減らすようにした。東京タワーのようにライトアップしている場合、ライトアップ時は航空障害灯の消灯が可能となったが、東京タワーの航空障害灯は日没から日の出まで点灯している。

ところで、東京タワーに飛行機がぶつかったことは、もちろん一度もない。しかし、かつて、こんなニアミス事件があった。平成16（2004）年9月19日、東京湾上空でバンコク発羽田空港行きのジャンボ旅客機が通常の進入ルートを大きくはずれ、約5分間にわたり、都心部の高度400〜700メートルを飛行。

東京タワーと高度差約200メートルにまで接近したのだ。管制上の問題はなく、航空会社は国土交通省に「日本の航空マニュアルをよく知らなかった」などの報告をした。大型旅客機が都心部にまで入り込むのは昼夜を問わず極めて異例だったという。

57＊航空障害灯はいつ点灯する？

夜はもちろんであるが、天気が悪くなり空が暗くなってくると、塔頂及び塔体部の航空障害灯が自動的に点滅する。この航空障害灯は500ワット15灯、60ワット6灯、合計21灯からなる。

航空障害灯が点灯する時間は特に何時と定められてはいない。あたりが暗くなると、自動的に障害灯のスイッチが入る。これは光電式自動点滅器（太陽スイッチ）によって点灯が管理されているためだ。

スイッチは長さ26センチ、直径17センチの小さなもので、空の明るさ500ルクスを基準に点いたり消えたりする。

急に曇ったり、霧が出たりといった場合でも太陽スイッチは素早く反応する。航空障害灯はどんな天候に対しても、万全なのである。

58✴東京タワーの脚の下はどうなっている？

タワーの下、地下23メートルから、杭や鋼棒、コンクリートなどで基盤が造られている。

基礎工事の前に地盤がどうなっているのか、念入りな地質調査が行なわれた。4本の脚が建つ予定になっている場所は、特に念入りで、地下23メートルまで掘り下げて、１００種類の土を採取し、地質学者に調査させた。地層調査によると、地表から4～6メートル下は関東ローム層、砂質粘土と砂の互層、そして20メートルの深さは砂礫層となっている。決して地盤が強固ではないこの場所に、４０００トンのタワーをしっかりと固定しなければならない。

そこで、とられたのが〝深礎工法〟という技術だった。タワーの脚になる部分の4カ所を80メートルの正方形に、23メートルの深さまで掘り、ここに直径2メートルのコンクリート柱（杭）を塔脚1脚につき8本打ち込む。約20メートル下の砂礫層は堅い層なので、ここに杭を打てば不動に近い状態になる。そして、地

東京タワーを支える塔脚の地盤には「深礎工法」という技術が用いられ
4000トンのタワーをしっかり支えている

下8メートルには10・6メートル角のコンクリート（ミキサー車1500台分）の基礎底面を置いた。こうして、1脚4000トンに耐えられるように工事は進んだ。つまり4000トン×4＝1万6000トンの重圧に耐えられるということになる。

しかし、もうひとつ、忘れてはならない工事があった。タワーの4脚には塔の重さがかかることによって、水平に脚が開こうとする力が働く。それを防ぐため、太さ50ミリの鋼棒20本を地中梁として、基礎底面を対角線上に結びつけた。タワーの4脚は地下でしっかりと結びつけられ、固定されているのである。

ちなみにタワーの脚は〝塔脚〟と呼ぶ。横にカラフト犬の像がある脚が第1号塔脚で、そこから時計回りに、第2号、第3号、第4号となっている。

59＊フットタウンは〝重し〟だった？

タワーの基礎では鋼棒をたすきがけに結び、アーチが水平に開こうとする力を抑えている。しかし、さらに念には念を入れ、その基礎に重しを置いたのである。

東京タワーのアーチの下にあるフットタウンは“重し”の役割をしている

その重しとなっているのが、実はアーチの下にある近代科学館（現在のフットタウン）である。

当時、企業の展示場、食堂などを完備した近代科学館は、こんな重要な役割も持っていたのだ。その後、近代科学館はフットタウンとしてリニューアル。建物の中身は入れ替わったものもあるが、〝重し〟としての役割は変わらない。

60＊展望台で火事になったら？

地震、台風対策だけでなく、火災に対しても十分な防止策がとられている。展望台はカフェの一部を除き禁煙。床から天井の資材は、不燃性のものを使用。火災報知器も配備し、万全を期している。火災時の煙を感知すると火災報知器が鳴り、危険を知らせる。大展望台の上には約16トンの消火用水を入れたタンクがあり、もし火が出た場合、この下にあるスプリンクラーから大量の水が放出されるようになっているのだ。

なお、展望台には水道と電気が通っているが、火事の元になりやすいガスは一切設置されていない。

大展望台1階の「カフェ ラ・トゥール」では、ホットブリオッシュというホットサンドが人気だが、火を使わずホットサンドメーカー（電気）で焼いている。

また、他のメニューも電子レンジを使用している。

61＊東京タワーは大地震に耐えられるのか？

設計を手がけた内藤多仲は、地震の多い日本の風土に合わせタワーを柔軟な構造に設計した。

地震が起きたときには、タワーは時間をかけて緩やかに揺れ、徐々に揺れを吸収する仕組みになっているのだ。

また、関東大震災の2倍の地震に耐えられる強度があり、塔頂部ではタワーの重さ約4000トンと同じくらいの力が横に働くことを仮定して設計されている。東京タワーは大地震がきても大丈夫なのだ。

62✴３００メートル上空の気象は？

タワーの地上から３００メートルはアンテナ部分で、私たちは通常立ち入ることができない場所である。

風速計のデータによると、３００メートル上空の風速は20〜50メートル。気象庁の予報用語では「非常に強い風」「猛烈な風」という状態だ。地上でほとんど風がない状態でも、上空では強い風が吹いているのである。

特別展望台の上部、２６０メートル付近は冬季の寒い時期、地上では雨が降っていても、ここでは〝みぞれ〟になっていることがあるという。

63✴窓ガラスは誰がいつ拭いているの？

展望台周囲のガラスは、高空での風圧に耐えうるよう、厚さ8ミリメートルのガラスを2枚合わせ、その間にプラスチックのフィルムをはさんだ製品を使用。

展望台および周辺のガラスは風圧に耐えられる厚さ8ミリの強化ガラスを使用

風速130メートルの強風にも耐えられるという。

このガラスは自動車、鉄道車輌にも使われている。また、一気に打ち破るのに時間がかかるため防犯ガラスとしての役割も果たしている。

ところで、このガラス、どうやって拭くのか気にはならないだろうか。展望台の窓ガラスは景色を見るためのもの。汚れていては話にならない。実は窓が開くようになっていて、清掃業者が週に数回、オープン前に拭いているそうだ。

64＊ペンキの塗り替えはどうやって？

東京タワーの外観は、ほとんどがペンキ塗装されている。その面積、約7万8000平方メートル。塗装するのに必要なペンキは2万8000リットル。ドラム缶に換算すると約140本になる。

鉄骨が錆びつかない最も進んだ表面処理方法であるショプコート方式を採用。しかし、それでも風雪にさらされるタワーは塗装が傷むので補修が必要だ。そこで、ほぼ5年に一度の周期で外観塗装の補修が行なわれる。

作業時間は日の出からタワーの営業開始時間までと限定されている。まず、最上部のアンテナを除く270メートルまでの塔体の上から順に足場を組む。塗料が剥離している部位を整え、錆を落として、新規塗料との密着を良くするための〝ケレン落とし〟と呼ばれる下地作りを行なう。そして、下塗り、中塗り、上塗りと3工程に分けて塗装していく。全てハケを使い、人の手によって塗装するため、延べ8100人が作業に当たり、約1年かかるという。費用は約8億円かかるという。

一方で塗装に使われるペンキの見直しも行なわれている。ペンキに含まれているトルエンなどの揮発性有機化合物（VOC）は光化学スモッグの発生に結びつく。そこで、揮発性の低い塗料で東京タワーを塗り替える試験作業が平成18（2006）年3月27日に開始された。東京のシンボル的な構造物を塗り替えて環境に配慮するVOC対策を進めようと、かねてから都が企業側に協力を要請していたのである。塗料はインターナショナルオレンジと白で外見上の変化はないが、従来の塗料に比べ最大で約88％VOCの含有量が少ない。東京タワーは地球に優しいタワーをめざしているのだ。

65＊タワーは傾いている？

巨大なタワーの建築が進むにつれ、タワーのまわりの住民は気が気ではなかったようだ。「本当に倒れてこないのか」と不安に思う人々も多かった。塔が傾いているという話もこういった不安から発生したのではないだろうか。噂話が大きくなり、「東京タワーは曲がっている」という投書が新聞社に投げ込まれ、建築の専門家の間でも真偽のほどが話題になった。そして、タワーの建築を許可した東京都建築局の局長室に新聞記者が押しかける始末。これは放ってはおけないとタワーが傾いているかどうか調査が行なわれた。

現在はレーザーにより、建物の水平、垂直の検査は簡単にできるが、昭和30年代はまだそんな技術はない。トランシットという測量機器や、下げ振りと呼ばれるおもりを使い、傾きの検査が行なわれた。そして、導き出された傾度は４００0分の1ということだった。これは誤差のようなもので、タワーは傾いてなどないことが証明された。

タワーを設計した塔博士こと内藤多仲は「しかし、物理的にいえば、日中南側へ日が当たると、若干伸びて北側へ傾き、夕刻になると東側へ傾くことは考えられることである」(『建築と人生』)と述べている。しかし、その数値はごくわずかでしかない。

倒れそうな塔といえば、誰でもイタリアのピサの斜塔を思い浮かべるのではないだろうか。訪れた人の多くが、斜塔の傾いている側に横に立ち、つい手で支えるポーズをして記念写真を撮ってしまう。

ピサの斜塔は1173年に工事が始まり、1350年に完成。不安定な地盤の上に杭を打つなどといった基礎工事をしっかりせずに建ててしまったことが原因で、建築途中からすでに塔は傾いていたという。その後も1年に1ミリずつ傾き、北側と南側の差が70センチになったとき、このままでは本当に倒れてしまうと補修工事をすることになった。平成5(1993)年に補修工事が始まり平成13(2001)年に完了。傾斜の進行はゆるやかになり、あと3〜400年は大丈夫だといわれている。

このピサの斜塔のあるイタリア大使館から、ピサの斜塔と姉妹塔になってはどうかという話がもちかけられたという噂もある。真偽のほどは確かでないが東京タワーは傾いてなどいなかったから、もちろん姉妹塔の話は実現しなかった。

Part.5
東京タワーは名所の中の名所

66＊展望台はなぜ二つあるの？

開業当初、展望台は大展望台だけだった。しかし、現在はその上に特別展望台があり、展望台は二つになっている。

特別展望台がオープンしたのは昭和42（１９６７）年7月25日。もともと作業台として、テレビ中継やスモッグの調査などに使用されている場所だったが、さらに多様な眺めを楽しんでもらおうと、「特別展望台」と命名して一般公開したのである。従来の展望台より１００メートル高く、広さは１２２平方メートル。大展望台と違い、円形をしている。これは、非常に高いところに位置するのでスマートな形にして抵抗を少なくしたため。また、快適に展望してもらいたいと、冷暖房を完備。その際、大展望台の冷暖房設備も新たに設置された。それまでの大展望台は、夏季は展望台の天井部分に扇風機を設置し、暖房設備はスポットヒーターによる部分暖房という方式だった。

特別展望台の改造工事に従事した作業員は延べ５０００人。高所作業のベテラ

昭和42年、おもに作業などに使用していた場所に特別展望台が作られた

ンで、海外の建設作業にも従事した経験を持つ作業員ばかりだったという。

特別展望台は大展望台より100メートル高いため、景色もずいぶん違う。大展望台では見渡せない池袋のサンシャイン60も見える。しかし一方で、大展望台にも、その場所ならではの良さがある。高層ビルなどが近くにはっきりと見える。そのため、カメラマンからは「写真を撮るなら大展望台がベスト」という声も多いとか。

平成14（2002）年、展望台は開業以来初めてリニューアルされた。ゆっくり展望を楽しんでもらおうとカフェもオープン。営業時間も通年22時までに延長され、さらに夜景が堪能できる施設になった。

このリニューアルの際、特別展望台には、未来や宇宙の浮遊感覚をイメージさせるSF的空間演出を施した。大展望台2階のチケット売り場でチケットを購入し、特別展望台行きエレベータに行くまでの階段とエスカレーターのアプローチは「風と光のプロローグ」と呼ばれる。ヒーリングミュージックが流れるこのアプローチを抜け、エレベータに乗ること約60秒で特別展望台に到着。夜は窓下に埋め込まれた発光ダイオードが青・赤・緑の3色に点滅し、音響効果とともに幻想的でドラマチックな雰囲気をかもし出す、カップルに大人気のデートスポットとなっている。

特別展望台は風速15メートルでエレベータ減速運転、風速20メートルで休止となるが、大展望台は天候の変化と関係なく365日オープンしている。そして、天気が悪くても、近隣や高層ビルといった展望がいつでも楽しめる。それぞれに違った魅力を持つ二つの展望台なのであった。

67✴大きくなったルックダウンウィンドウ

大展望台1階に、ひときわ人が集まり、歓声があがっている場所が「ルックダウンウィンドウ」。そのまま訳すと「のぞきこみ窓」である。この窓、昔は50センチ四方くらいの小さなものが2カ所にあったが、2002年にリニューアルした際、もっと145メートルからの眺望とスリルを楽しんでほしいと、60×160センチと6倍の大きさのものを新たに2カ所設けた。

この窓が大好評で、ルックダウンどころか、「スタンダップウィンドウ」に挑戦する人も多い。新しい窓は広いので、走っている車など、真下の風景がはっきり見える。この窓に立ちながら、「もし、底が抜けたら」と思うと、かなりスリリン

大展望台から地上を見下ろす「ルックダウンウィンドウ」も当初は50センチ四方と小さかった（写真上）
'02年のリニューアルで60×160センチの特大の「ルックダウンウィンドウ」が設置された（次頁写真下）
巨大ウィンドウから145メートル下を見下した眺望（次頁写真上）

LOOK
DOWN

グ。ただし、使われているガラスは強化硬質ガラスで、底が抜けたり、割れたりしない丈夫なもの。絶対安全に作られている。

なお、この窓も定期的に、清掃会社のスタッフが拭いているという。また、たくさんの人がここに立ったり座ったりするため、ガラスの傷防止に薄いフィルムが貼られている。このフィルムは傷が目立つ前に、こまめに張り替えるそうだ。

これでガクガクしてしまう高所恐怖症の人は、以前の小さいルックダウンウィンドウも残っているので、まず、そちらから覗いてみてはいかがだろうか。

68✴大展望台と特別展望台のエレベータ、どちらが速い？

大展望台行きのエレベータは3台あり、1台につき重量2.1トンまで運ぶことが可能。地上から高さ150メートルの大展望台まで、約1分間で案内している。

日本で初めてエレベータがお目見えしたのは、明治23（1890）年のこと。東京・浅草の12階建てであるところから〝十二階〟とも呼ばれた凌雲閣だった。それから40年あまり経っていたが、まだまだエレベータは珍しい乗り物だった。

そのため、エレベータに慣れていない人も多く、開業当時、大展望台行きのエレベータに乗った人の中には、あまりに速くて酔って気分が悪くなったという人もチラホラいたようだ。

大展望台から特別展望台（２５０メートル）へ行くエレベータは１台しかなく、重量１トンまで運ぶことができる。特別展望台行きエレベータも約１分間で上下しているので（移動距離は大展望台行きエレベータが１５０メートル、特別展望台行きエレベータが１００メートル）大展望台行きエレベータのほうが、高速で動いているということになる。

69＊展望台は何人まで入れるの？

特別展望台の広さは約１２２平方メートル。大展望台（2階分で約１４７３平方メートル）に比べると約12分の１しかない。そのため、混雑時は入場制限を繰り返しながら来塔者を案内している。

一方、大展望台に人数制限はない。ただし、たくさんの人が訪れると、エレベータの待ち時間が長くなり、ロビーには長蛇の列ができる。そこで、混雑時は約600段の昇り階段をオープンにし、希望者は大展望台まで階段で昇ることもできる（79ページ参照）。

70✴一味違う東京タワーの水族館

昭和53（1978）年にオープンした東京タワー水族館。観賞魚だけを集めたという他に例のない水族館で海水熱帯魚、南北アメリカ、ヨーロッパ、アフリカ、アジア、オセアニア、日本と棲息地別に分類表示されている。

観賞魚の数は900種類、5万匹で、その規模は世界一を自負する。コーナーごとにBGMが流れている中で、ゆっくりと観賞魚たちを見て、楽しむことができる。

この水族館が他の水族館とちょっと違っているところは、実際に購入して育てることができるよう、魚や器具を販売していること。水槽の上に貼られた札には、魚の値段が明記されている。中には「非売品」もあるが、購入できるものがほと

観賞魚だけを集めた東京タワー内の水族館では５万匹の熱帯魚を見て楽しむことができる

んど。数百円から、200万円台の魚まで揃っている。私たちにとって身近な存在の金魚から、変わったところではデンキウナギも販売されている。

館内には水槽がズラリと並ぶ。「お子様にも楽しんでいただけるよう、低い位置にも水槽を設置しました」という心くばりも。出口近くには鯉の泳ぐ日本庭園があって、ちょっと落ち着いた雰囲気である。

土・日・祝日には魚について答えてくれるスタッフがいるので、魚を購入したり、質問したい人はこの日に行くといいだろう。

71＊大展望台で人気のお土産は?

大展望台2階にはオリジナルグッズショップがある。ショーケースの照明が窓ガラスに映り込まないようにケースを塔の内側に向け、ショップと回廊を木目が美しいローズウッドで区切り、来塔者が眺望に集中できるようショップの構造は工夫されている。

ここにはノッポングッズやタワー模型など約300種類が勢揃い。ここでしか

数あるお土産の中で人気があるのがタワーのプラモデル（写真上）
完成したときの感動はタワーファンならずとも大きい（写真右）

買えない東京タワーグッズがある。
　人気のベスト5をスタッフに聞いてみた。
①東京タワープラモデル
「プラモデルは組み立て式で、作り上げることによって充実感が得られます。プラモデルは、青色とオレンジ色がありますが、東京タワーと同じ色のためか、オレンジバージョンを買う方が多いですね。なお、このプラモデルは大展望台2階のグッズショップでしか買えません」
②ストラップやキーホルダー
「修学旅行生をはじめ、いろいろな方に人気のグッズです。バリエーション豊かな品揃えですので、皆さん、選ぶのに迷っていらっしゃるようですね。マスコットキャラクター『ノッポン』をモチーフにしたデザインのキーホルダーやストラップもいろいろ種類があります」
③ノッポン抱き枕
「東京タワーホームページの掲示板で待望論が続出し、商品化されたオリジナルの『ノッポン抱き枕』です。ノッポン独特の細長いフォルムを生かした形状は、

大展望台で人気のオリジナルグッズショップでは、プラモデル＆ストラップも人気だが、やはり『ノッポン抱き枕』が女性に人気バツグン！

抱き心地もバッチリ。もちろん〝ぬいぐるみ〟として部屋に飾っても大丈夫。ゆる〜いノッポン抱き枕は心地いい眠りに誘ってくれそうです。特に女性に人気で、兄（青）と弟（赤）の両方を購入していくお客様もいらっしゃいます」

④ノッポンぬいぐるみ

「大・中・小と3種類あります。小さいお子様に限らず、大人の方でもよくご購入されています。季節によってクリスマスは〝サンタノッポン〟、正月は〝袴ノッポン〟と限定のレアグッズもあります」

⑤タワー模型

「昔懐かしいタワーの模型。世代に関係なく、親しまれている東京タワー定番のお土産です。昔の模型と比べると特別展望台の上にデジタルアンテナがついていることにお気づきですか？」。そう、タワー模型も進化しているのです。

72✴プリクラ、刻印機……来塔記念いろいろ

大展望台には記念メダル刻印機、明治5（1872）年から最近までの新聞を

コピーしてくれる記念日新聞機、オリジナルプリクラがあり、どれも訪れた人々がよく利用している。

「東京タワーオリジナルプリクラ」は、大展望台1階に3カ所、フットタウン4階ゲームコーナーに3カ所の計6カ所に設置されている。マスコットキャラクターノッポンや、東京タワー（鉄塔）などと一緒に写真が撮れるオリジナルフレームがあり、カップルやファミリー、修学旅行生に人気がある。

73 ✴ タワーをいちばん近くで堪能できるホテルは？

平成17（2005）年に、東京プリンスホテルパークタワーがオープン。東京タワーの333メートルにちなんだわけではないだろうが、タワーの階数は〝3並び〟の地上33階。東京タワー、富士山、レインボーブリッジなど、客室によってさまざまな景色が楽しめる。

673室のうち、約3分の1が東京タワービューで、東京タワーを間近に見ることができる。

東京タワーを客室から楽しめる東京プリンスホテルパークタワーは'05年に開業

最上階、33階のバーラウンジ「ステラガーデン」では、ダイナミックな景色が楽しめる。ライトアップした東京タワーを眺められるベストスポットでもある。

また、最上階にある「スカイチャペル」は、窓側のバージンロードの横におおっ、東京タワーが。東京タワーをバックに永遠の誓いを結ぶ、なんともロマンチックな挙式ができる。

74＊オススメのフォトスポットは？

三田通り（慶應義塾大学の通り）、皇居外苑（内堀通り）、オランダ大使館前、晴海埠頭・客船ターミナル、芝公園一帯（18号地・御成門駅付近）、増上寺境内、芝東照宮境内、お台場、世界貿易センタービルディングの40階の展望台「シーサイド・トップ」（見学料金が必要）などなど。

また、東京タワー周辺では、タワー真下の南極犬像付近から見上げるショットは迫力があり、きれいな写真が撮れるベストスポットだといわれている。

高いところからの東京タワーを撮るなら、上空で空撮という手も。ヘリコプターでのクルージングは、東京タワー付近を通るコースがいくつも用意されている。

75＊はとバスツアーの紹介口上は？

新日本観光（現在のはとバス）が創立されたのは昭和23（1948）年。初めての観光バスは団体貸切で、翌24（1949）年1月、成田山へ初詣に行くというものだった。3月には都内半日コースの運行が始まり、昭和30（1955）年には10本の定期観光コースが運行するようになった。

東京タワーがはとバスのコースに組み込まれたのは昭和34（1959）年1月15日。〝東京タワーコース〟として導入された。コース内容としては東京タワー～明治神宮外苑絵画館～浅草観音を約4時間で巡るコースだった。以降、ほとんどのコースで東京タワーを組み込み、これが定期コースの向上に大きく寄与し、はとバスの存在を広めることにつながったのである。

現在、約130の定期観光コースのうち、15コース前後に東京タワーが含まれている。〝外国語でご案内するツアー〟にも東京タワーは含まれ、外国人客にも人気だという。

実際に東京タワーをどのように紹介するのか、株式会社はとバスによると――。

（前方に）東京タワーが見えてまいりました。

東京タワーの高さは３３３メートル、テレビ・ラジオの総合電波塔として、昭和33年12月23日に開業いたしました。このように数字の〝3〟に多く関係していることから、別名「３づくしの塔」とも呼ばれております。

東京タワーには１５０メートルとさらにその上、２５０メートルのところに展望台があり、四方に広がる東京の姿をお楽しみいただけます。

とても空気のよく澄んだ日には、遠く三浦半島や房総半島、わが国の最高峰である富士山までもご覧いただけます。

また、東京タワーは夜になりますとライトアップされ、昼間とは違った姿が夜空にくっきりと浮かびあがります。夏は涼しげな銀白色、冬は暖かなオレンジ色にライトの色も変わります。

――タワーの高さ、展望、ライトアップについてと、短い言葉の中にたくさんの情報が盛り込まれているのがわかる。

東京タワーを案内する際のエピソードも、ガイドさんに教えていただいた。

「バスのお客さまはコース中に車内から遠目で東京タワーをご覧になりますが、いざ、東京タワーの真下に到着すると必ずといっていいほどその大きさに驚かれています。車窓からの風景からは想像できないスケールのようです」

「ライトアップの色は上記2種類が基本ですが、イベントやキャンペーンなどでは特別ライトアップも実施されているということをお客さまにお伝えすると、『へぇ～』という声があがります。案外知られていないのかもしれませんね」

「タワー入口にいた東京タワーの人気キャラクター〝ノッポン〟。バス内のお子様が指をさして『ガイドさん、あれピンクの唐辛子なの？？』（笑）」

「ご年配のお客さまは、東京タワーのお土産というと東京タワーの文字の入ったペナントや提灯がイメージとしてあるようです。なぜか、ペナントには『努力』とか『根性』の文字も入っていたりして、SMAPの「がんばりましょう」という曲にもそのことが歌われていますよね。『今でも売っているの？』とよく聞かれました。現在ではないようですが、写真たてのような置物には、やはり『努力』『根性』といった文字が入っていて、今でも昔の名残を見せているようですよ」

76✴「東京おみやげたうん」で一番高いのは？

平成17（2005）年にリニューアルした「東京おみやげたうん」にはどこか懐かしい雰囲気が健在。17店舗にペナント、東京タワー模型など、キッチュなお土産がぎっしり詰まっている。東京銘菓をはじめ、食品のお土産を扱っている店舗も。開業当時から働いている方も多いので、当時の話などもうかがえた。

平成18（2006）年6月末現在、一番高価なお土産は「永豊」の『石彫すかし彫幸運を招く天龍の舞』19万5000円のようである。

以下、各店の特徴をあげておくと――。

◉北商　靴下足袋、ちりめん財布などの和ものに時計、キティグッズなどがメイン。

◉永豊　招運の天珠ブレス、ほていさんなど、ラッキーになれるグッズが目立つ。天然竹の根の楊貴妃彫刻3万円など、高級志向のお土産もちらほら。

◉KAITO　刀、ガウン風着物など、外国人観光客向けのお土産が中心。

◉富士エキスポート　〝根性〟〝特攻〟などを金で刺繍した黒いTシャツ、リストバンドが豊富。飾り用のミニ湯飲みもいろいろ。

◉東京銘菓キムラヤ　〝ひよこ〟〝ひよこサブレー〟と東京銘菓〝ひよこ〟をメインに、さまざまなお土産菓子を揃える。

◉東京堂　ジャビット君（巨人軍のマスコットキャラクター）など、巨人軍グッズも手に入る。

◉イトーズ・ギフトショップ　タワー模型から、ペンダントとネックレスのセットなど幅広い品揃え。

◉タワア商会　旅行者が困らないよう、東京の地図を揃えたミニコーナーがあるのはこの店だけ。

◉えん政　東京限定ペナント、東京レターポケットなど、懐かしいお土産が。

◉京美　キーホルダーが充実。ディズニーを中心としたぬいぐるみもいろいろ並んでいる。

◉紅葉屋　修学旅行生はじめ若者に人気のタレントの写真が飾ってあって、目を引く。

'05年にリニューアルされた「東京おみやげたうん」には、模型やアクセサリーに混じって高価なものもある（写真上）
東京タワーではペナントも人気のお土産だ（写真左）

◉櫻珞　JR東日本ピンズの機械がいくつか並ぶ。デニムなどでできた若者向けのカバンも揃っている。
◉東竜堂　こけし、舞妓さんなどの柄が入った飾り皿や皿など和テイストがたっぷり。
◉平安　お菓子などのキャラクターを使った小物はどれにするか迷ってしまいそう、遊戯王カードなど子どもに人気の商品が多い。
◉ふじ　クレーントラック、はとバスといった車のおもちゃの品数多し。また、小こけし、こけしストラップなど、〝こけしもの〟も。
◉東京観光物産　ショーケースにはクラシックカーを展示。1枚80円で東京タワーをはじめとする東京絵葉書は、記念にここで書いて投函するのによさそう。
◉タワー富士　キーホルダーの種類が多い。十手、手裏剣といった歴史を感じさせるお土産も。

77✶昭和33年から変わらないレストランの味とは？

タワー観光で、あちこち回っているとお腹も空いてくる。フットタウン内には、レストランやカフェ、フードコートなど、食事がとれる場所がたくさんあるが、昔ながらの雰囲気と味を楽しみたいなら、フットタウン１階にある「タワーレストラン」がオススメ。

東京タワー開業以来変わらない、懐かしい味が待っている。

入口で食券を買うというシステムも昭和っぽい。

特に人気があるのは「カレーライス」「スパゲティナポリタン」「スパゲティミートソース」「チキンライス」。

今ではなかなか見ることができない長円形の銀皿に載って登場。味の方は、「昭和を彷彿とさせるシンプルな味つけが美味しい」と口コミで人気が広がっている。

78＊タワーの1000分の1スケールパフェ

フットタウン2階にはバラエティー豊かなレストランが揃っている。

東京タワーにちなんだちょっとユニークなメニューがあるのは「さつまそば」と甘味処「ふくあん」。

「さつまそば」では、4本のエビ天がそびえ立つその名も「東京タワーそば」という隠れメニューがあるらしい。また、甘味処「ふくあん」では、東京タワーの1000分の1のスケール、33・3センチの巨大「東京タワーパフェ」がある。

同じ階にあるフードコートは、「マクドナルド」「シューファクトリー」、ラーメンの「宇明家」、「ピザーラエキスプレス」など、充実のラインナップ。中でも「ピザーラエキスプレス」は、東京に2カ所しかない、イートイン方式の店舗。

その他にも中華バイキングの「太陽楼」や「サーティワンアイスクリーム」「カフェ・ディ・エスプレッソ珈琲館」など、レストランや喫茶店が充実している。

東京タワーにちなんで33.3センチの大型パフェも人気の的

79＊大展望台からの東西南北の景色はどんな感じに見える？

大展望台2階の東西南北4カ所に設置された展望解説ボードは、単に眺望を楽しむだけでなく、東京を知る足がかりとなる情報検索機能を持つシステム。知りたい情報に指1本でタッチするだけで、景観説明・施設検索などができる。また、天候や時間に関係なく昼夜の映像を見ることができるので、特に「今は昼だけど、夜景はどんな感じなんだろう？」という興味をお持ちの方は、次頁からの写真をどうぞ。この昼夜の美しさの違いもタワーの魅力である。別のシチュエーションの風景も見ることができる。

以前は大展望台のガラス窓上部に、各方向の景観説明が入ったパネルが取りつけられていたが、展望台のリニューアルを機に展望解説ボードが導入された。

データの差し換えも定期的に行なわれているので、移り変わりの激しい東京の景観を常に最新の写真データで解説してくれる。

㊡

東京タワーから東の方角を見渡すと、汐留方面から銀座方面が眺められる。天気が良ければ東京ディズニーリゾートはもちろん、遠く筑波山まで見ることができる。写真では夜景（写真上）と昼間の景観の違いがわかる

㊄

西の方角には六本木ヒルズや恵比寿ガーデンプレイスといった超高層ビルが見渡すことができる。晴れわたった日には日本を代表する富士山と対面することができる。夜景（写真上）では高層ビルのイルミネーションが美しい

(南)

南側にまわると東京国際（羽田）空港から飛び立つ旅客機やレインボーブリッジをはさんでお台場方面が楽しめる。天気のよい日に少し目線を右に向けると横浜のランドマークタワーが見えてくる

㊗北

北川には日比谷、皇居、国会議事堂から赤坂、新宿方面を眺めることができる。夜景（写真上）では高層ビル群の光の競演が美しく、昼間のビル群の景観との差が楽しめる

Part.6
まだまだある東京タワーの雑学

80＊地上250メートルの忘れ物が届くのは地下1階？

たくさんの人が毎日訪れる東京タワー。ときおり、展望台に忘れ物のアナウンスが流れる。もし、放送された忘れ物が自分のものだったり、落し物をしたり、あるいは逆に拾い物をしたときは、1階案内所に申し出よう。

落し物、忘れ物、拾い物を扱っているのはフットタウン地下にある保安課。忘れ物の引き取りなどはここで行なわれる。地上250メートルの特別展望台で忘れた物を取りにいくのは地下1階になるわけだ。

忘れ物は傘（特に雨の日）、帽子、タオル、カメラケースといった物が多いとか。

車椅子という変わった忘れ物もあったという。駐車場にポツンと車椅子が残っていた。車椅子には病院名が書いてあったので、保安室が連絡をとってみると、その病院から一時退院をしていた方が、病院から借りていた車椅子で来塔。車に乗る際に、そのまま駐車場に置いて帰ってしまったということがわかった。連絡を取り合い、後日引き取りにきていただいたそうだ。

東京タワーの忘れ物は、フットタウン地階の保安課で保管されている
忘れ物で多いのは傘だが、車椅子を忘れた人もいたとか…

81 ✴ 特別展望台まで、水道はどうやって上げている？

東京タワーの水道は、高置タンク方式と呼ばれるやり方で、実は一般的にビルやマンション等の高層建築と同じ方法で汲み上げられている。

水道局から送られた水は、一度フットタウン地下にある受水槽（給水タンク）へ貯水され、この水槽からポンプでフットタウン屋上にある高置水槽へ揚水される（1次貯水）。さらに屋上の高置水槽からポンプによって大展望台上にある高置水槽へ揚水され（2次貯水）、この高置水槽からポンプによって特別展望台上にある高置水槽へと、最終的に揚水されるのである（3次貯水）。

東京タワーには大展望台、特別展望台それぞれにトイレがあるが、各水槽に貯水された水が、それぞれの配管によって必要各所に給水されているのだ。

ちなみに地下にある受水槽の水は、災害時には、港区民の飲料水としても提供されることになっている。

特別展望台は250メートルの高さにあるが、そこまで水はどうやって上げるのか

82＊ボウリング場の跡地はどうなった?

戦後、アメリカではボウリングブームが起こった。日本電波塔株式会社の創設者、前田久吉はいち早くその流行を日本にも取り入れた。それが、昭和37（1962）年、東京タワーの南側のすぐ下にオープンした二階建ての「東京タワー・ボウリングセンター」である。64レーンを備えた大ボウリング場は、ボウリングの本場アメリカ以外では、最大の規模だった。

「タワーボウル」の愛称で親しまれ、数多くのトッププロボウラーがこのボウリング場で育った。

平成13（2001）年2月末日、ボウリング場は惜しまれつつ閉館。その後、「東京タワーアミューズメントホール」という貸展示場として使用された後、平成17（2005）年から、その跡地では豆腐懐石の「とうふ屋うかい」が営業をしている。約2000坪の敷地内に広大な日本庭園があり、全ての個室がこの庭園に面しているという。

東京タワー下にオープンさせた「タワーボウル」は、東京都ボウリング連盟の発祥の地でもあった

東京タワーが間近に見られるベストスポットのひとつでもある。

83＊東京タワーとマザー牧場の意外な関係？

関東に住んでいる人なら、遠足などで訪れることが多い千葉県富津市の鹿野山山頂近くにあるマザー牧場。鹿野山は標高353メートル。鋸山、清澄山とともに房総三山に数えられている。

このマザー牧場、東京タワー創設者である前田久吉が造った牧場だ。前田は1960年代から鹿野山開発にも乗り出し、ゴルフ場、牧場などを造った。

大阪の郊外にあった前田の生家は貧しい農家で、母親はいつも口ぐせのように「家にも牛が一頭いたら、暮らしもずっと楽になるけど……」といっていた。このことが心の奥深く残っていた前田はこれからの日本にとって畜産振興が必要であることも考え合わせ、いまは亡き母親に捧げる牧場という気持ちを込めて『マザー牧場』と名づけたという。

250ヘクタール、東京ドームの約60倍という広大な敷地内には、「花と緑と動

東京タワーと千葉県富津市にあるマザー牧場には意外な関係があった

物、そして人間とのふれあい」というテーマのもと、豊かな緑、四季の花、愛らしい動物たちとのふれあいを演出し、親しみやすく、より楽しめる自然空間として創り上げられている。

84＊東京タワーに神社がある？

昭和52（1977）年、日本電波塔株式会社開業20周年を記念して、大展望台2階に「タワー大神宮」が建立された。地上150メートル、東京23区内で一番高いところにあるこの神社には、「神社同様、成績も高くなるように」ということで、受験シーズンにはたくさんの受験生が合格祈願に訪れる。

祀られているのは天照大神。伊勢皇大神宮から神霊を受けたというこの神社は、日本電波塔株式会社がこれまでの社業の順調な発展、及び総合電波塔としての機能を十分に果たし得たことを神に感謝し、今後とも社に課せられた社会的役割を遂行し続けられることを祈念するもの。さらに来塔者の安全と繁栄を祈り、設置された。

開業20周年記念で大展望台２階に「タワー大神宮」が建立された

大展望台のグッズショップでは、この神宮の合格祈願、交通安全、縁結びのお守りを売っている。カップルでお参りすると幸せになるという噂もある。

85✴東京タワーで経済が学べる？

平成17（2005）年11月、フットタウン4階に内閣府が運営しているちょっと変わった展示エリア「感どうする経済館」がオープン。プロデューサーは作家の荒俣宏氏。経済の仕組みや現状を、子どもたちにわかりやすく伝えるのが狙いだが、大人でも十分楽しめるようになっている。

館内には映像や模型の展示だけでなく、体感できる展示物がたくさん。日本の政府債務750兆円から1世帯当たりの債務金額を計算し、その金額1500万円分の重さを背負って体感できる「借金リュック」や、1万円札を100億円分並べてベンチにした「100億円ベンチ」など、ちょっと変わった体験ができる。オープン時には、竹中平蔵総務相や、安倍晋三内閣官房長官（いずれも当時）も訪れ、借金リュックを背負って「予想以上に重い」と感想をもらしていたとか。

86✴タワーは建築物か工作物か？

東京タワーを建設するには、監督官庁である東京都の許可が必要だった。建物はその種別によって、建築基準法で細かいルールが定められている。東京タワーは建築基準法によると、「土地に定着する工作物のうち、屋根及び柱もしくは壁を有するもの」という建築物に当てはまるし、「煙突、広告塔、高架水槽、擁壁その他これらに類する工作物」という工作物にも該当する。どちらになるかが、東京タワーを建てる側にとって、重要なことだった。

建築物になると、大勢の人の生活にかかわるので、それだけ基準が厳しくなる。もし建築物と認められれば、建築物のルールに従わなければならない。しかし、それは300メートル級の建物についてではなく、当時の高さ制限だった31メートルまでの建物にのみ通用するルール。したがって、かなり不経済で安全ではない工事になることも考えられた。一方、工作物ならば、行政庁が安全と認めた上で、設計者の考える工法で工事を行なうことができる。

さて、333メートルと今までにない高さのタワーはどちらになったのか？東京都は建設省におうかがいをたて、その結果、タワーは工作物となった。「展望台は観光・娯楽の場であり、住居として継続的に使うものではない」というのがその理由であった。

87＊かつて近代科学館にはどんな施設があった？

東京タワーのアーチの下にぴったりはまるような形で建っているフットタウン。開業当時は近代科学館という建物だった。地下1階、地上4階で、ワンフロアが約1000坪。合計5000坪の広さにさまざまな施設が揃っていた。

4階には各企業のショールームがあり、当時の最新技術を駆使して研究していた、さまざまな科学資料が展示されていた。3階は電器の展示場で、巨大なロケットが会場に設置されていた。中でも「レコードのできるまで」「トランジスタラジオのできるまで」といった、当時の先端技術の展示が人気を呼んでいた。また、アマチュア無線のモデル・ステーションがあり、世界のハム仲間を呼び出して、交信できるブースにも多くの人が集まった。

このように、〝科学館〟というだけあって、科学資料・先端技術の展示がメインだったのである。一方で、東京タワー来塔者の娯楽施設も開業当時から充実していた。

1階には現在同様、チケット売り場や売店、団体食堂などがあった。東京タワーは斜面にあるため、駐車場側の入口から入ると、そこは1階ではなく2階になる。斜面にあるような感じがしないため、駐車場側から入っただけなのに、2階に到着するのでビックリするかもしれない。

というわけで東京タワーの見学を終えて駐車場へ戻る際は、この2階出口を使うと便利である。

ただし、チケット売場は1階正面玄関前にある。くれぐれも2階から入場して「チケット売り場がない！」と慌てないように。

ちなみに2階に立ち並んでいた土産物屋の中には、今でも「東京おみやげたうん」内で営業を続けている店舗がある。

88✴東京タワーとテレビ東京との関係は？

昭和38（１９６３）年、放送局用ビル東京タワー放送センターの起工式が行なわれた。ＶＨＦ局では最後のテレビ電波が財団法人日本科学技術振興会（株式会社東京12チャンネル）に割り当てられることになり、同財団のテレビ局舎として賃貸するために東京タワーの横に地上５階、地下３階のビルを建てることになったのである。このビルは昭和39（１９６４）年４月12日に完成し、同日、東京12チャンネルの放送が開始された。これによって、東京タワーから出ているテレビの電波は６つになった。その後、61年に東京12チャンネルはテレビ東京と社名を変更し、現在に至る。

ちなみに日本テレビは東京タワーではなく、昭和28（１９５３）年の開局以来、千代田区二番町の自社のテレビ塔を使用していた。東京タワーに移ったのは昭和45（１９７０）年のことであり、この年に東京地区すべてのテレビ電波（７波）の発射場所が東京タワーに一元化されたのである。

昭和60（１９８５）年、テレビ東京の局舎は放送センタービルから虎ノ門に移転した。放送センタービルは、その後東京タワー芝公園スタジオとして生まれ変わり、１６０坪の第1スタジオ、１２０坪の第2スタジオ等、計4つのスタジオで、ドラマ、バラエティーなど幅広い番組の収録などが行なわれている。

89＊なぜカラフト犬の記念像が敷地内に？

東京タワーの4脚のひとつの横に、「南極観測ではたらいたカラフト犬の記念像」がある。なぜこんなところにカラフト犬の像があるのか不思議に思う人も多いはず。

このカラフト犬は昭和33（１９５８）年に南極越冬隊とともに南極に渡った犬たち。同年2月、越冬を試みた南極越冬隊だったが、悪天候のため、観測船が接岸できずに越冬は中止となった。天候が回復したら犬たちを迎えに行くつもりで、カラフト犬15頭は鎖につながれて残された。しかし、とうとう迎えに行くことができないまま、越冬隊は帰国。あの寒さの中では犬たちは生きていないだろうと

南極から連れて帰ってこられなかったカラフト犬たちを慰霊する動物愛護のシンボルとして昭和34年に建てられた

同年7月に、大阪府に慰霊像を建立し、南極越冬隊員らが参列して盛大な供養が営まれた。

そして、翌年の昭和34（１９５９）年1月14日のこと。再び越冬隊が南極へ上陸すると13頭は餓死、または行方不明となっていたが、奇跡的に2頭が生存していた。そう、これこそ映画『南極物語』などでも有名なタローとジローである。

財団法人日本動物愛護協会は「二度とこのような事件が起きてほしくない」という思いから、「動物愛護」のシンボルとして記念像を造ることにした。その場所に選ばれたのが、当時開業したばかりで話題の場所だった東京タワーである。犬の数を数えると、きちんと15頭揃っている。

除幕式は昭和34（１９５９）年9月20日に行なわれた。この像の製作者は、渋谷のハチ公も造った彫刻家の安藤士《たけし》、その人である。

90✴日本と世界のタワーの連盟がある？

東京タワーは全日本タワー協議会と世界大タワー連盟に加盟し、日本・世界の有名タワーとネットワークを結んでいる。どちらの会もときどきの情報や共同イベント等について定期的に協議しているという。

全日本タワー協議会には五稜郭タワー、京都タワー、通天閣、名古屋テレビ塔など平成18（２００６）年７月現在19のタワーが加盟している（１９７ページ参照）。同協議会では、平成18（２００６）年10月１日よりこの日を「テン」「ボウ」にちなんで「展望の日」と定め、イベントを実施することにしている。

一方、世界大タワー連盟（Ｔｈｅ　Ｗｏｒｌｄ　Ｆｅｄｅｒａｔｉｏｎ　ｏｆ　Ｇｒｅａｔ　Ｔｏｗｅｒｓ）は、世界各国の25のタワーによる連盟だ。世界で最も高い５５３メートルのカナダ・トロントにあるＣＮタワーをはじめ、各国を代表するタワーが揃っている。会合は年１回、定期的に開催されている。

91＊東京タワーには電波塔以外の役目はあるの？

現在、大規模地震を想定して、東京圏（東京駅を中心とする１００キロ圏内）を運行する列車の防護のために、緊急停止信号を発射するＪＲ東日本の防護無線用アンテナ（災害用非常通報装置）が設置されている。

また、高さを生かして大気汚染等の調査のため東京都環境局の風向風速計、温度計、硫黄酸化物測定器などが高度別につけられている。

92＊タワーで送信する電波は全部で何局？

現在でも放送電波の送信機能は日本一で、東京の全テレビ局（９局）、全ＦＭ局（５局）の計14局の電波を各放送局から受信し、首都圏に送信している。また、短波ラジオ電波の中継や各種通信用アンテナにも利用されている。サービスエリアは約１００キロメートル。関東平野一円をカバーしている。

93＊デジタル放送時代への対応は？

平成15（２００３）年12月１日に始まった地上デジタル放送は、関東・近畿・中京圏で地上波のＵＨＦ帯を使用し、スタートした。従来のアナログ方式に比べて、より高品質で、ゴーストや雑音のない映像と音声を受信することができる。

また、ハイビジョンの「高画質映像」、臨場感あふれる「高音質放送」や複数の番組を同時に届ける「マルチチャンネル放送」が可能に。さらに将来的には番組に対するリクエストやクイズへの参加が可能な「双方向機能」、スポーツ中継中に各選手のデータを見たり、天気予報などを瞬時に伝える「データ放送」、移動体（携帯電話等）向けの放送も、鮮明な画像を送ることができるようになる。

東京タワーはこのデジタル放送の電波の送信も行なっている。特別展望台の上部についた筒状のアンテナが、デジタル放送対応用のアンテナだ。このアンテナ設置工事に伴い、東京タワーはSグレードの大地震でも放送機能を維持できる耐震補強を実施した。現在の地上アナログ放送（サイマル放送）も、２０１１年までは並行して放送される予定。

94＊第2東京タワーとは？

２０１１年の地上デジタル放送完全移行に向けて計画された「第２東京タワー」。

今まで何度も第2東京タワー構想が浮かんでは消えてきた。しかし、地上デジタル放送の移行に伴い、ついに600メートル級の新タワー建設候補地が決定した。

ではなぜ、第2東京タワーが必要なのか。地上デジタル放送が使用するUHF帯は従来のVHF帯よりも直進性が高く、高層ビルなどが受信障害を起こす可能性があるため、さらに高い電波発信拠点が必要なのだ。

また、地上波デジタル放送の目玉ともいえる「ワンセグ」（携帯電話など移動端末向け地上デジタル放送）を確実に受信するためには600メートル級の電波塔が必要だという理由もある。

「第2東京タワー」建設候補地は業平橋にある東武鉄道所有地（墨田区押上一丁目の一部）に決定。名称は「すみだタワー（仮）」となった。

震災時の東京のバックアップ機能として第2候補に挙げられていたさいたま新都心（さいたま市）は、デジタル放送特有の電波の混信が墨田・台東地区に比べて7倍（約14万世帯）発生することがわかったため、第2タワーの候補地には選ばれなかった。

平成20（2008）年に着工、地上デジタル放送開始に合わせ、2011年に開業を予定している。最寄駅は東武伊勢崎線の業平橋・押上駅、京成押上線・都営地下鉄浅草線、東京メトロ半蔵門線の押上駅となる。事業費は概算で500億円。タワーの高さは610メートルにもなり、450メートルと、350メートル地点の2ヵ所に展望台ができる予定だという。

95＊タワーの定礎はどこにある？

建物につきものなのが「定礎」または「起工・竣工」という表示。工事が無事に終わったことへの感謝とその後の安泰を祈願し、大理石を代表とする石材、またはは金属でできたプレートをはめ込むのである。

東京タワーには、「起工　竣工」の定礎があるが、どこにあるのか気づく人はさほど多くない。実は第1号塔脚の一面にはめ込まれている。ただでさえ東京タワーを見上げるのに夢中だろうし、迫力があるタワーの写真が撮れるポイントでもあるため記念撮影をする人も多いから、一層気づかれにくいのだろう。

定礎には、「東京タワー」と味のある書体で書かれている。その下には「起工昭和32年6月29日　竣工　昭和33年12月23日」という二つの記念日が刻まれている。また、第1号塔脚の他面には建主、設計、竣工を記したプレートもはめ込まれている。

96✴フットタウンのお菓子ベスト5

大展望台のオリジナルグッズショップでは東京タワーならではのお土産がいろいろと揃っているものの、ここには食品は置いていない。お菓子をはじめ、食品のお土産を買うなら、フットタウン2階と1階にある「TOKIO333」へ。

こちらの売れ筋のお菓子ベスト5は――。

①東京ばな奈（8個入）

すっかり東京土産としておなじみになった、バナナカスタードクリームをふんわりとしたスポンジケーキで包んだバナナ型のお菓子。

②東京タワーサブレ

サブレ1枚ずつに東京タワーなどの柄入り。

第１号塔脚の一面にはめ込まれている定礎

③東京タワーチョコバナナマシュマロ

読んで字のごとく、柔らかくておいしそう。

④サザエさん　磯野家ファミリーケーキ

サザエさんファミリーをかたどった人形焼風のケーキ。カツオもワカメもファミリーが勢揃い。

⑤東京いちご

ホワイトチョコレートでくるまれたやわらかなケーキ。中のクリームあんには、苺の果肉をたっぷり含んだ甘酸っぱいクリームが。

〝お土産といえばやっぱり饅頭〟という人には定番の「東京タワー饅頭」を。パッケージはインターナショナルオレンジを意識した色合いで、東京タワーが大きく描かれている。大展望台の色は、平成8（1996）年に塗り替えられるまでの赤い色になっているというレアもの。饅頭には〝東京タワー〟という焼印が押してあるのもキッチュな感じである。

97✴ご当地キティが東京タワーで手に入る?

フットタウン2階、TOKIO333内の「さんりお屋」には、全国の「ご当地はろうきてぃ」の根付とファスナーマスコットが何と500種類も揃っている。これが目当てでタワーにやってくる人もいるとか。

人気ベスト5を聞いてみた。

①ハローキティ「東京限定　秋葉原　もえるるぶバージョン」
②ハローキティ「東京限定　渋谷　バージョン」
③ハローキティ「東京限定　新宿　バージョン」
④ファミリー湯飲み
⑤シャープペン

①~③は根付で、やはり東京限定のキティの人気が高い。もちろん、東京タワーバージョンの東京限定キティもあるのでお土産にオススメだ。

98 ✴ 東京タワーがデザインされた切手

最近、切手で登場した東京タワーは2種類ある。平成12（2000）年6月23日に発売された20世紀デザイン切手シリーズ第11集。わが国の20世紀を象徴し、21世紀へ向けて、夢と希望のある題材をデザインしたシリーズ切手のひとつ。東京タワー以外に、ラジオ定着・テレビ本放送開始、黒澤明監督の活躍、力道山の活躍、ゴジラ、太陽族流行、1万円札発行がひとつのシートに収められている。シート余白部分には完成当時の東京タワーのイメージも掲載されているという、切手マニアでなくても垂涎の一品だ。

また、同年11月15日から12月28日まで発売された東京グリーティング（三宅島噴火等災害寄附金付）切手にも、東京タワーがデザインされている。この切手は2枚連刷で、1枚は東京タワーとレインボーブリッジを望んだ東京の夜景、もう1枚は新宿副都心の夜景となっている。

ところで、東京タワーでは受付で切手を販売している。東京タワーならではの

東京タワーをはじめ力道山や映画「七人の侍」など20世紀を象徴したデザイン切手

切手がないのか特に外国人によく聞かれるそうだが、販売しているのは普通の切手。しかし、「おみやげたうん」などで東京タワーの写真入りポストカードが販売されているので、これを家族や友達、恋人あてに投函するといい記念になるだろう。

99✴電波の日とタワーの関係は？

１年３６５日、それぞれの日にいろいろな記念日がある。６月１日はガムの日、ねじの日などが制定されているが、東京タワーにとっては大事な電波の日にもなっている。

昭和25（１９５０）年６月１日、電波法、放送法及び電波監理委員会設置法という電波三法が施行され、それまで政府専掌だった電波が広く国民に利用されるようになった。この日を記念して国民の電波に関する知識の普及・向上と、電波利用の発展に役立つように制定されたのが電波の日である。

そして、昭和52（１９７７）年の電波の日、日本電波塔株式会社は「多年にわたり電波塔の維持運営を通じて放送の普及と重要無線通信の疎通に多大の貢献」をしたとして、郵政大臣から表彰された。

なお、電気通信市場の自由化が行なわれた昭和60（1985）年からは、5月15日から6月15日の1カ月間を情報通信の普及・振興を図ることを目的にした「情報通信月間」に定め、さまざまな行事も行なわれている。この月間にはフットタウン内などにも電波の大切さをアピールする電波の日のポスターが貼られている。

追加雑学

知っていて損はない！ さらにタワー豆知識

・大展望台1階のカフェ　ラ・トゥールにはタワーソフトという名前のソフトクリームがある。値段はタワーの高さにちなんだ330円也。

・大展望台→「大展」（ダイテン）、特別展望台→「特展」（トクテン）などというように、タワーに働く人々の間では、各施設などを短縮して呼ぶことが多いそう。

・東京タワーのパンフレットは「日本語」「中国語」「韓国語」「英語」の4バージョン。

・東京タワーのサイト（アドレス）はなかなか凝った作りになっている。たとえば「フットタウン」の各階のフロアガイドを1階から順に見ると、ちょっとしたノッポンの物語になっているのだ。フットタウン入り口からノッポン兄が入場し、2階へ。2階の表示をクリックすると、兄は2階にある2ヵ所のお土産店に入っていく。出てきた兄は買い物袋を持っているので、どうやらお土産を買ったようだ。そして、3階に現れるのは弟の方。4階に向かった弟はゲームコーナーから出てくると、ゲームでゲットしたのか、小脇に東京タワーのぬいぐるみか何かを抱えている。待ち合わせをしていたらしい二人は屋上で合流。そこへ気球がやってきて、乗り込んで空へ昇っていくノッポン。塔上にでも行くのだろうか。

番外編
他にもあるぞ各地のタワー
全日本タワー協議会
加盟塔

さっぽろテレビ塔

住所：北海道札幌市中央区大通西１丁目
タワーの高さ：147.2メートル
展望台の高さ：90.38メートル
開業：昭和32（1957）年。テレビ、ＦＭ等電波発信・受信や観光の拠点として作られた。
景観：夏は緑の森と現代的な景色、冬は白銀に輝く石狩平野といったぐあいに、季節に応じた札幌市内を眼下に満喫できるだけでなく、望遠鏡をのぞけば遠く大雪連邦など約100キロメートル四方の風景を眺望できる。

・キャラクターは“テレビ父さん”。グッズも充実していて、通信販売でも購入することができる。特に「俺のタワーふんどし」は、赤いふんどしに筆書きで「俺のタワー」と書かれているユニークなグッズ。
・テレビ塔のお土産ショップには“しまふくろう”グッズがいくつかある。タワーの大通公園側にも夕暮れになると、電光のしまふくろうが現れる。なぜ“しまふくろう”かというと、テレビ塔が建てられた場所は元々しまふくろうがたくさん住んで居たからだという。
・2002年にリニューアルされ、従来よりライトアップがかなり明るくなったと話題に。

昭和32年に開業以来観光の拠点にもなっているが、ユニークグッズが揃っていることでも有名

五稜郭タワー

住所：北海道函館市五稜郭町43番9
タワーの高さ：107メートル（避雷針高）98メートル（全高）
展望台の高さ：1階86メートル　2階　90メートル
開業：平成18（2006）年4月1日開業　同年12月1日グランドオープン。旧五稜郭タワーに替わって建てられた。昭和39（1964）年12月、五稜郭築城100年記念に開業した旧五稜郭タワーは平成18（2006）年夏に解体。旧タワーは高さ60メートル、展望台高さ45メートルだった。
景観：特別史蹟「五稜郭跡」はもちろん、市内一円、横津岳連山、遠くは青森県下北地方まで視界に入る。夜間は漁火が美しい。
・展望台外部コーナーのＬＥＤ照明は日没後、青白色で点灯。1時間ごとに3分間だけ時報として、青色から青白色に色が変化するようになっている。

千葉ポートタワー

住所：千葉県千葉市中央港1
タワーの高さ：125メートル
展望台の高さ：112.7メートル（3層）
開業：昭和61（1986）年。千葉県民500万人突破を記念して建設された。
景観：眼下に千葉港を一望し、遠く富士山、筑波山、東京タワー、新宿副都心の高層ビルや房総の山々が眺望できる。
・塔体はハーフミラーガラスという鏡のようなガラスで覆われている。晴れた日には青く、夕暮れには夕日が映り真っ赤に染まるなど、季節や時間で変化する。
・隣接する千葉ポートパークには、なぜかトーテムポールが立っている。これは千葉港と姉妹港のアメリカオレゴン州ポートランドより贈られたもの。

クロスランドタワー

住所：富山県小矢部市鷲島10番地
タワーの高さ：118メートル
展望台の高さ：100メートル
開業：平成6（1994）年。総合レジャー施設“クロスランドおやべ”のランドマークとして、また、シンボルとして建てられた。
景観：家と家同士が距離を保ち独特な集落を形成する有名な砺波平野の散居村、メルヘン建築物が眼下に見える。晴れた日には富山港、立山、剱岳を筆頭に北アルプス連峰、遠くは白山連峰までが一望できる。
・1辺12メートルの正三角形の塔体の上に円形の展望室を乗せているため、見る位置によっては、展望室が建物からはみ出したようにみえるトリックタワー。

横浜マリンタワー

住所：神奈川県横浜市中区山下町15番地
タワーの高さ：106メートル
展望台の高さ：100メートル（2層）
開業：昭和34(1959)年。横浜港開港100周年記念行事の一環として建てられた。
景観：横浜市内はもとより、港に出入りする貨客船の眺めと共に富士山、箱根、丹沢、秩父連山、三浦半島、房総半島など市街、海、山と見渡すことができる。特に客船桟橋を見下ろす港の景観にすぐれている。

・塔のデザインは横浜らしさを表現するために灯台の容姿を模している。また、実際に正式の灯台の機能も持ち、横浜港を行き来する船舶に利用されている。この灯台は地上高としては世界で一番高く、現在でもギネスブックに「世界最高の灯台」として掲載されている。
・展望台までの階段は333段で、約100m、大人で昇るのに約8分程度かかるそう。日・祝日などに階段が開放されることがある。
・タワーの最上部の灯台室に水を利用して強風や地震の時の揺れを吸収する制震装置「スーパースロッシングダンパー」を設置している。

昭和34年、横浜開港100周年を記念して建てられた。港を見下ろす外人墓地からの眺めは異国情緒がある。(マリンタワーでは平成18年11月からリニューアル工事が予定されていて、再オープンまでの長期にわたり休館する可能性があるので、来塔を予定している方は事前に確認してください)

名古屋テレビ塔

住所：名古屋市中区錦3-6-15
タワーの高さ：180メートル
展望台の高さ：100メートル（スカイバルコニー）90メートル（スカイデッキ）
開業：昭和29（1954）年。日本で初めての集約電波鉄塔として開業。
景観：眼下に近代的な都市計画で築かれた名古屋の街並、さらに濃飛平野、伊勢湾、養老・鈴鹿の山々、遠くは、中央アルプス、御岳などまで見渡すことができる。

・テレビ電波の発信当時はＮＨＫ、ＣＢＣの２波だけだったが、現在は５波がテレビ塔から発信されている。
・平成17（2005）年７月にはタワーとして全国で初めて国の登録有形文化財になった。
・平成18（2006）年リニューアルオープン。スカイデッキは挙式ができるようになった。
・スカイバルコニーは転落防止の金網が張り巡らされているが、屋外に出て展望を楽しむことができる。
・平成15（2003）年、12月23日、株で儲けた男性がクリスマスだから皆に還元したいと、１ドル紙幣100万円分と旧100円を展望バルコン（現在のスカイバルコニー）からばら撒く事件が発生した。

日本で初めての電波塔として昭和29年開業。名古屋の近代的な街並の夜景を一望できる一等地である

ツインアーチ138

住所：愛知県一宮市光明寺浦崎21-3
タワーの高さ：138メートル
展望台の高さ：100メートル
開業：平成7(1995)年
景観：木曽川の流れが3つに分かれるこの地区からは、日本アルプスの峰々や濃尾平野が一望できる。また名古屋城、徳川家が建設した御囲堤（おかこいてい）など木曽川のおだやかな流れを伊勢湾まで眺めることができ、四季の変化を楽しめる。

・タワーを作る際、下から組み上げて建てるのではなく、アーチの頂部と展望階を地上で先に組み立て、油圧ジャッキでリフトアップしながら下に向かって部材を継ぎ足していく、リフトアップ工法という珍しい工法が用いられた。
・夜間、タワーはライトアップされるが、明日の天気予報によって変化する。
・30分毎に色が変化する。

東山スカイタワー

住所：愛知県名古屋市千種区田代町字瓶杁
タワーの高さ：134メートル
展望台の高さ：100メートル（5階)、96メートル（4階)
開業：平成元(1989)年
景観：名古屋市内はもちろんのこと、伊勢湾や御岳山、鈴鹿山脈、アルプス連峰の山々が一望できる。

・4階展望室には、地震が起きた際、床に固定された約20トンのおもりをやじろべえのように一点で揺らすことによって、建物の揺れのエネルギーを吸収する制振装置があり、実物をガラス越しに見ることができる。タワーで制振装置を設置しているところは珍しいとか。

東尋坊タワー

住所：福井県坂井郡三国町東尋坊
タワーの高さ：55メートル（海抜100メートル）
展望台の高さ：50メートル（２層）
開業：昭和39(1964)年
景観：越前加賀海岸国定公園に位置しているため、展望塔からは、福井備蓄基地を始め、雄島海岸、遠くは丹後半島や白山連邦が望め、山の緑と、日本海の青さがコントラストを描き出す、素晴らしいロケーションとなっている。
・展望台の観音様・布袋様の頭を二人で撫でると片思いだった彼・彼女と幸せになるらしい。
・東尋坊とはもともと僧の名前。寿永元(1182)年、悪行を重ねていた東尋坊に困り果てていた同じ寺の僧たちは皆で海岸見物に行き、酒盛りをした。酔いが回った東尋坊は真柄覚念(まがらかくねん)という侍に絶壁から突き落とされる。実は僧たちの目的は東尋坊を突き落とすことにあったのだ。これが東尋坊という名前の由来になっている。

夢みなとタワー

住所：鳥取県境港市竹内団地255-3
タワーの高さ：43メートル
展望台の高さ：37メートル
開業：平成10(1998)年。夢みなと博覧会跡地に建設された。
景観：雄大な国立公園の大山と果てしなく続く日本海それに白砂青松の弓浜半島や島根半島に囲まれた自然景観に優れた環境にある。
・テンセグリティー構造という、引っ張りに強い部材と圧縮に強い部材とを力学的に組み合わせた独特の構造。
・県特産の二十世紀梨を鳥に見立てた鳥取県のキャラクター、トリピーは“ゆるキャラ”としても人気。ゆるキャラ人気投票では全国２位に選ばれた。

京都タワー

住所：京都府京都市下京区烏丸通七条下ル東塩小路町721-1
タワーの高さ：131メートル
展望台の高さ：100メートル
開業：昭和39(1964)年
景観：千年の歴史の都「京都」、その碁盤の目のような街並と点在する神社仏閣、名勝、そして東山三十六峰はじめ周囲の美しい山並が一望。晴れた日には大阪城はじめ大阪市街まで眺めることができる。

・海のない京都を照らす灯台をイメージしたフォルム。
・一切鉄骨を使わず、厚さ12〜22ミリの特殊鋼板シリンダーを溶接でつなぎ合わせて、円筒形にしている。骨組は薄い殻で力を受け留め、全体を支える応力外被構造になっている。動物でいうと、エビやカニと同じ仕組み。
・タワーの高さ131メートルは当時の京都市の人口131万人にちなんだもの。
・京都ホテルチェーンの宿泊者は展望台の利用料が無料になる。
・平成16(2005)年、京都タワー開業40周年を記念して、イメージキャラクター“たわわちゃん”が誕生。性別は女性で、“おっとりした性格”。
・タワービルの地下３階には大浴場がある。

昭和39年、歴史の町「京都」を照らす灯台をイメージして建てられた。地下に大浴場があるのも人気だ

通天閣

住所：大阪府大阪市浪速区恵美須1-18-16
タワーの高さ：103メートル
展望台の高さ：91メートル
開業：昭和31(1956)年。初代の通天閣は明治45(1912)年に焼失。戦後、２代目の通天閣が再建されることとなった。
景観：大阪の中心部に位置する関係上、大阪市内はもちろん、四国、淡路、明石方面や六甲、生駒、葛城の山々が一望できる。

・初代通天閣は上部がエッフェル塔、下部が凱旋門という、なんとも奇抜なデザインだった。二代目は東京タワーを設計した内藤多仲氏によるもの。
・通天閣の名づけ親は高名な儒学者・藤沢南岳が「天に通ずる高い建物」という意味を込めて名づけた。
・５階の展望台に鎮座しているビリケンはオールラウンドに願いを叶えてくれる福の神。明治41(1908)年アメリカの女流美術家E・I・ホースマンが、夢で見たユニークな神様をモデルに制作したものと伝えられている。
・平成15(2003)年、18年ぶりに阪神タイガースが優勝した際、通天閣はタイガース仕様に飾られた。
・２代目通天閣になった際、展望台エレベータが円形になった。これは開業当時は世界初で、現在でも珍しいもの。
・通天閣の塔頂のネオンは光の天気予報になっている。色の組み合わせで「雨のち晴」など、細かい天気予報も表示。

明治45年に焼失した初代・通天閣を昭和31年に再建した。展望台に鎮座しているビリケンはアメリカ人による制作だ
通天閣では平成18年7月1日からリニューアルを開始し、同年11月にはリニューアルオープンの予定。工事期間中は休館することも多いため、来塔前には確認をすること

神戸ポートタワー

住所：兵庫県神戸市中央区波止場町5-5
タワーの高さ：108メートル
展望台の高さ：90.8メートル
開業：昭和38(1963)年
景観：海上都市ポートアイランドと六甲アイランド、造船所をはじめ、大小さまざまな船が出入りする神戸港を一望できる。異人館のあるエキゾチックな市街地、国立公園の六甲連山など、港・街・山と変化に富んだ景観が楽しめ、また1000万ドルの夜景が素晴らしい。天気のよい日は、大阪湾一円から関西新国際空港や淡路島まで遠望できる。神戸開港120年を記念して造られた臨海公園のメリケンパーク、新都心のハーバーランド、帆船の帆と波を型どったスペースフレームが特徴の神戸海洋博物館が真下に見える。

・世界最初のパイプ構造の観光タワーで、日本古来の「鼓」をイメージして作られたという形は世界でも例のないユニークなもの。日本建築学会作品賞など多くの賞を受賞している。
・展望台は展望３階、４階、５階と３つある。そのうち展望３階は回転レストラン。床が約20分で一回転するようになっているので、お茶を飲みながら360度のパノラマを楽しむことができる。
・身長100メートルのゴジラと、ほぼ同じ高さなので、ゴジラの目線で街並が見渡せる。

ゴールドタワー

住所：香川県綾歌郡宇多津町浜一番丁８番地１
タワーの高さ：158メートル
展望台の高さ：127メートル（高層３階）
開業：昭和63(1988)年
景観：瀬戸大橋の横に位置し、眼下に瀬戸内海、瀬戸大橋を一望し、また、丸亀城、讃岐平野、遠くには象頭山（琴平）が眺望できる。

・開業４年目から赤字経営となり、平成13(2001)年に営業が停止された。しかし、平成16(2004)年に全面リニューアルして営業を再開。屋内に海外製の遊具、ボウリング他を揃え幅広い年代に対応。
・ゴールドタワーという名前のとおり、黄金色に輝く塔には金色のハーフミラーが7000枚使用されている。展望台には、純金製の洋式トイレが展示されている。使用することはできないが純金スリッパはさわることができる。

海峡ゆめタワー

住所：山口県下関市豊前田町3-3-1
タワーの高さ：153メートル
展望台の高さ：143メートル
開業：平成8(1996)年。関門海峡のランドマークとして誕生。
景観：眼下に関門海峡、巌流島を見下ろし、海峡を行き交う船を楽しむことができる。360度の大パノラマは、瀬戸内海から日本海まで一望できる。
・頂上の展望室が球形総ガラス張りになっているのは世界初。球形の直径は、21メートルある。

銚子ポートタワー

住所：千葉県銚子市川口町2-6385-267
タワーの高さ：57.70メートル
展望台の高さ：46.95メートル
開業：平成3(1991)年。銚子市のイメージである「海」と「人魚」をテーマに建てられた。
景観：眼下には銚子漁港と水産物流通加工基地と雄大な太平洋が広がる。丸みを帯びた水平線に地球の丸さを実感することができる。快晴の日には遠く筑波山、金華山、富士山が望める。
・銚子から外川までのローカル線・銚子電鉄の１日乗車券「孤廻手形」を購入すると、犬吠駅のぬれ煎餅１枚サービス券や施設利用割引券がついている。その中に銚子ポートタワー展望室の割引入館券（１割引）も。

空中庭園展望台

住所：大阪市北区大淀中1-1-88
タワーの高さ：173メートル
展望台の高さ：170メートル（屋上の空中回廊）
開業：平成5（1993）年
景観：北側は淀川～大阪港、南側には大阪の街全体が見渡せる。快晴の日には、関西空港、淡路島、四国を見ることもできる。

・平成18（2006）年にマスコットキャラ“そらら”が決定。
・空中回廊は歩いて一周できるので360度のパノラマが堪能できる。
・屋上には1000本のノズルが設置されていて、一定の時刻になると水蒸気を噴霧して雲海を演出するというアトラクションが行なわれている。

福岡タワー

住所：福岡県福岡市早良区百道浜2-3-26
タワーの高さ：234メートル
展望台の高さ：123メートル
開業：平成元(1989)年。アジア太平洋博覧会に合わせて建設された。
景観：眼下に福岡市、博多湾を一望し、遠く玄界灘が眺望できる。

・3階展望室の床には、真鍮製の直径約2メートルの円形方位盤がある。この方位盤の中心部分に立ち、好きな人の住む街に向かってお願いをすると思いが届くという。
・全高234メートルのうちビル本体部分は150メートル。そこから上はテレビ・ラジオ放送・消防カメラ・船舶無線などの巨大なアンテナとなっている。

おわりに

　この本の取材のために、何度も東京タワーに昇った。東京タワーの取材を進めるうち、すっかり東京タワーの魅力にとりつかれたようだ。33、333といった数字を目にすると、「あっ、東京タワーだ」と思ってしまったり、街に出ると「ここから東京タワーは見えないかな」と、空を見上げるのがクセになってしまった。

　一人で行っても、ファミリーでも、デートでも楽しめる。そんな東京タワーの魅力が99の謎から伝わったならうれしい限り。

　訪れるたびに温かく迎えてくれた日本電波塔株式会社の皆様、ノッポン――。そしてさまざまなタワーの謎に答えてくださった営業企画室の澤田さん、五十嵐さんのお二人には最大限の感謝を。

　この本をきっかけに、東京タワーファンがさらに増えることを祈っている。

大谷記す

参考文献

「東京タワー10年のあゆみ」日本電波塔株式会社編
「東京タワーの20年」日本電波塔株式会社編
「東京タワー物語」前田久吉（東京書房）
「前久外伝」清水伸（誠文図書）
「建築と人生」内藤多仲（鹿島研究所出版会）
「東京タワーは曲がっていなかった」豊島光夫（文芸社）
「プロジェクトX　挑戦者たち４」（日本放送出版協会）

二見文庫

東京《とうきょう》タワー99の謎《なぞ》

著者　東京電波塔研究会《とうきょうでんぱとうけんきゅうかい》

発行所　株式会社 二見書房
東京都千代田区三崎町2-18-11
電話 03(3515)2311［営業］
03(3515)2313［編集］
振替 00170-4-2639

印刷　株式会社 堀内印刷所
製本　株式会社 村上製本所

落丁・乱丁本はお取り替えいたします。
定価は、カバーに表示してあります。

ISBN978-4-576-06117-7
http://www.futami.co.jp/

ベテラン整備士が明かす意外な事実
ジャンボ旅客機99の謎
エラワン・ウイパー［著］

あの巨大な翼は８ｍもしなる！／着陸時に機内が暗くなる理由は？／車輪の直径は自動車の2倍、強度は7倍！……などジャンボ機の知りたい秘密が満載！

巨大な主翼はテニスコート2面分！
続ジャンボ旅客機99の謎
エラワン・ウイパー［著］

コックピットの時計はどこの国の時刻に合わせてある？／どの航空会社のジャンボがいちばん乗り心地がいいのか？……など話題のネタ満載の大好評第2弾！

消防車と消防官たちの驚くべき秘密
消防自動車99の謎
消防の謎と不思議研究会［編著］

全車特注、2台と同じ消防車はない！／「119番」通報は直接、消防署にはつながらない／消火に使った水道料金は誰が払う？……など消防の謎と不思議が一杯！

知っているようで知らない意外な事実
新幹線99の謎
新幹線の謎と不思議研究会［編］

車内の電気が一瞬消える謎の駅はどこ？／運転士の自由になるのは時速30Ｋｍ以下のときだけ！／なぜ信号がない？……など新幹線のすべてがわかる！

世界一受けたい日本史の授業
河合 敦［著］

あの源頼朝や武田信玄、聖徳太子、足利尊氏の肖像画は別人だった!? 新説、新発見により塗り替えられる古い歴史に、あなたが習った教科書の常識が覆る！

世界一おもしろい江戸の授業
河合 敦［著］

金さえ出せば誰でも武士になれた！／赤穂浪士の元禄時代には、まだ「そば」屋はなかった！…など教科書の常識を打ち破る意外な事実を紹介する第二弾！